法律问题研究

高新技术企业知识产权管理

侯圣和 —— 著

知识产权出版社

全国百佳图书出版单位

—北 京—

图书在版编目（CIP）数据

高新技术企业知识产权管理法律问题研究／侯圣和著．—北京：知识产权出版社，2022.4

ISBN 978-7-5130-8095-8

Ⅰ．①高…　Ⅱ．①侯…　Ⅲ．①高技术企业—知识产权法—研究　Ⅳ．①D913.404

中国版本图书馆 CIP 数据核字（2022）第 045349 号

责任编辑：刘　睿　邓　莹　　　　　责任校对：谷　洋
封面设计：杨杨工作室·张冀　　　　责任印制：刘译文

高新技术企业知识产权管理法律问题研究
侯圣和　著

出版发行：知识产权出版社 有限责任公司		网　　址：http：//www.ipph.cn	
社　　址：北京市海淀区气象路 50 号院		邮　　编：100081	
责编电话：010-82000860 转 8346		责编邮箱：dengying@ cnipr.com	
发行电话：010-82000860 转 8101/8102		发行传真：010-82000893/82005070/82000270	
印　　刷：北京建宏印刷有限公司		经　　销：新华书店、各大网上书店及相关专业书店	
开　　本：880mm×1230mm　1/32		印　　张：7.875	
版　　次：2022 年 4 月第 1 版		印　　次：2022 年 4 月第 1 次印刷	
字　　数：200 千字		定　　价：48.00 元	
ISBN 978-7-5130-8095-8			

目 录

第一章 导 论 …………………………………………（1）

一、研究意义 ………………………………………（5）

二、国内外研究现状 ………………………………（7）

三、研究的方法、目的及主要创新点 ……………（18）

第二章 高新技术企业知识产权管理理论分析 …………（21）

一、高新技术企业的界定 …………………………（21）

二、知识产权的界定 ………………………………（26）

三、企业知识产权管理的特点 ……………………（31）

四、高新技术企业知识产权管理的目标 …………（36）

五、高新技术企业知识产权管理的内容 …………（38）

六、高新技术企业知识产权管理体系的理论分析 ……（39）

第三章 国外企业知识产权管理经验做法及启示 ………（51）

一、美国企业知识产权管理——以美国 IBM 公司

为例 ………………………………………………（51）

二、日本企业知识产权管理 ………………………（58）

三、德国企业知识产权管理 ………………………（64）

四、国外企业知识产权管理的比较分析 ……………… （71）

五、国外企业知识产权管理对我国的启示 …………… （76）

第四章　我国高新技术企业知识产权管理现状与存在的

问题 …………………………………………… （80）

一、我国高新技术企业知识产权管理的现状及案例

分析 …………………………………………… （80）

二、我国高新技术企业知识产权管理存在的问题 …… （92）

三、我国高新技术企业知识产权管理存在问题的原因

分析 ………………………………………… （101）

第五章　完善我国高新技术企业知识产权管理的对策 …… （104）

一、国家层面的对策 ………………………………… （104）

二、企业层面的对策 ………………………………… （110）

第六章　商业秘密诉讼中非公知性认定问题 ………… （115）

一、商业秘密的法律界定 …………………………… （116）

二、商业秘密的构成要件 …………………………… （120）

三、非公知性认定存在的问题 ……………………… （123）

四、关于非公知性认定的建议 ……………………… （125）

第七章　高新技术企业技术创新需要加强知识产权

保护 ………………………………………… （126）

一、高新技术企业技术创新需要以知识产权制度为

基础 ………………………………………… （126）

二、知识产权保护制度促进高新技术企业技术

创新 ………………………………………… （127）

三、知识产权保护制度有利于提高高新技术企业

　　竞争力 ………………………………………（128）

四、知识产权保护制度对促进技术创新成果的商品化

　　和产业化起着重要作用 ………………………（129）

五、技术创新主体的权益需要知识产权制度来

　　维护 …………………………………………（130）

六、知识产权保护对促进高新技术领域国际合作与

　　交流具有重要作用 ……………………………（131）

七、我国高新技术企业技术创新知识产权保护的

　　基本方式 ………………………………………（132）

第八章　生物技术企业生物知识产权创造体系研究——

　　　　以山东省为例 ……………………………（135）

一、我国生物产业发展的基本状况 ………………（138）

二、山东省生物知识产权创造的资源基础和基本

　　状况 …………………………………………（147）

三、构建山东省生物知识产权创造体系的指导思想和

　　基本原则 ………………………………………（150）

四、山东省生物知识产权创造体系框架 …………（151）

五、山东省生物知识产权创造体系组成部门 ………（156）

六、山东省生物知识产权创造的重点领域 …………（162）

七、山东省生物知识产权创造体系建设面临的

　　问题 …………………………………………（164）

八、加强山东省生物知识产权创造体系建设的

　　对策 …………………………………………（169）

第九章　高新技术企业专利权诉讼实证研究 ············ （180）

　一、侵犯专利权诉讼中的抗辩策略 ·············· （180）

　二、侵犯专利权诉讼中原告证据调查 ·············· （213）

　三、侵犯专利权诉讼中归责原则适用 ·············· （221）

参考文献 ······························ （236）

后　　记 ······························ （242）

第一章 导 论

随着经济的知识化与全球化，世界经济竞争模式由资本竞争转变为技术竞争，从单纯追求高质量、低价格产品逐步转移到开发具有自主知识产权的新产品、新工艺，知识产权成为一个国家或企业竞争优势的核心基础已是不争的事实。随着市场竞争的加剧，企业越来越重视对知识产权的开发和保护。知识产权的开发和保护，不仅要求企业在战略思想上重视，在法律应用上完善，更要求把知识产权作为企业的无形资产进行运营，引进知识产权管理思想，构建一套科学的知识产权管理制度，并把知识产权管理制度贯彻运作到企业的整个管理工作中。

高新技术产业已成为知识经济的支柱，在社会经济发展中起着龙头的重要作用。高新技术企业以知识和技术为基础，将知识迅速转化为产品，是现代知识经济中最具活力的部分，对我国经济和社会发展起到了重要作用。高新技术企业的发展，带动了现代科技知识的广泛应用，促进了我国产业结构的调整，加速了传统产业的技术更新改造，扩大了高新技术产业在我国的发展规模，使其成为国民经济发展的主导产业。同时，高新技术企业在发展过程中培养造就了大批高素质的创新人才，这些人才对推动高新技术产业发展有着重要的现实意义。在我国经济发展的进程中，高新技术企业形成了一个有创新活力、有竞争力的企业群体，为现代企业制度建立作出了示范，产生了积极影响，并取得了一定的规模及经济效益。鉴于高新技术企业在我国经济发展中的重要地位，有必要从各个角度对高新技术企业进行研究，以便更好地促进高新技术企业本身与我国经济的发展。

知识产权是高新技术企业活力与生命力之所在，高新技术企业的竞争就是知识产权的竞争，知识产权管理与保护是发展高新技术及其产业化的生命线。高新技术是高新技术企业核心竞争力的重要组成部分，而作为技术、法律、经济三位一体的知识产权制度，对这一核心竞争力的发展具有非常重要的影响和作用。我国加入世界贸易组织（WTO）后，高新技术企业的经营和发展发生了根本变革，技术创新和新产品开发日益在企业的经营与发展中占据主导地位，国内企业面临的国际竞争越来越激烈，许多企业因缺乏自主知识产权而在发展中受制于人。高新技术企业要想谋求稳固的市场地位，必须依靠自主知识产权，我国高新技术企业只有通过知识产权这一受到全球关注和我国法律保护的形式才能在国际竞争中稳固发展。因此，深入研究并加强高新技术企业的知识产权管理显得尤为紧迫和重要。

2004年6月，温家宝同志在青岛考察时明确指出，世界未来的竞争就是知识产权的竞争。2006年5月26日，胡锦涛同志在第十六届中共中央政治局第三十一次集体学习时发出"大力提高知识产权创造、管理、保护、运用能力"的号召。2020 年 11 月 30 日，习近平同志在第十九届中央政治局第二十五次集体学习时强调，知识产权保护工作关系国家治理体系和治理能力现代化，关系高质量发展，关系人民生活幸福，关系国家对外开放大局，关系国家安全。全面建设社会主义现代化国家，必须从国家战略高度和进入新发展阶段要求出发，全面加强知识产权保护工作，促进建设现代化经济体系，激发全社会创新活力，推动构建新发展格局。创新是引领发展的第一动力，保护知识产权就是保护创新。党的十九届五中全会《建议》对加强知识产权保护工作提出明确要求。当前，我国正在从知识产权引进大国向知识产权创造大国转变，知识产权工作正在从追求数量向提高质量转变。我们要认清我国知识产权保护工作的形势和任务，总结成绩，查找不足，提高对知识产权保护工作重要性的认识，从加强知识产权保护工作方面，为贯彻新发展理念、构建新发展格局、推动高质量发展提供有力保障。我国知识产权保护工作，新中国成立后不久就开始了。党的十八大以来，党中央把知识产权保护工作摆在更加突出的位置，部署推动了一系列改革，出台了一系列重大政策、行动、规划，实行严格的知识产权保护制度，坚决依法惩处侵犯合法权益特别是侵犯知识产权行为。总的来看，我国知识产权事业不断发展，走出了一条中国特色知识产权发展之路，知识产权保护工作取得了历史性成就，全社会尊重和保护知识产权意识明显提升。要提高知识产权保护工作法治化水平。要在严格执行《民法典》相关规定的同时，加快完善相关法律法规，统筹推进《专利法》《商标法》《著作权法》《反垄断法》《科学技术进步法》等修改工作，增强法律之间的一致性。要加强地理标志、商业秘密等领域立法。要强化民事司法保护，研究制定符合知识产权案件规律的诉讼规范。要提高知识产权审判质量和效率，提升公信力。要促进知识产权行政执法标准和司法裁判标准统一，完善行政执法和司法衔接机制。要完善刑事法律和司法解释，加大刑事打击力度。要加大行政执法力度，对群众反映强烈、社会舆论关注、侵权假冒多发的重点领域和区域，要重拳出击、整治到底、震慑到位。要强化知识产权全链条保护。要综合运用法律、行政、经济、技术、社会治理等多种手段，从审查授权、行政执法、司法保护、仲裁调解、行业自律、公民诚信等环节完善保护体系，加强协同配合，构建大保护工作格局。要打通知识产权创造、运用、保护、管理、服务全链条，健全知识产权综合管理体制，增强系统保护能力。要统筹做好知识产权保护、反垄断、公平竞争审查等工作，促进创新要素自主有序流动、高效配置。要形成便民利民的知识产权公共服务体系，让创新成果更好惠及人民。要加强知识产权信息化、智能化基础设施建设，推动知识产权保护线上线下融合发展。要鼓励建立知识产权保护自律机制，推动诚信体系建设。要加强知识产权保护宣传教育，增强全社会尊重和保护知识产权的意识。要深化知识产权保护工作体制机制改革。党的十八大以来，我们在知识产权领域部署推动了一系列改革，要继续抓好落实。要研究实行差别化的产业和区域知识产权政策，完善知识产权审查制度。要健全大数据、人工智能、基因技术等新领域新业态知识产权保护制度，及时研究制定传统文化、传统知识等领域保护办法。要深化知识产权审判领域改革创新，健全知识产权诉讼制度，完善技术类知识产权审判，抓紧落实知识产权惩罚性赔偿制度。要健全知识产权评估体系，改进知识产权归属制度，研究制定防止知识产权滥用相关制度。

2020 年是中国加入世界知识产权组织（WIPO）40 周年，40 年来，中国牢固确立了知识产权大国地位，尤其是党的十八大以后，知识产权创造发展水平显著提升。

一、研究意义

（一）理论意义

随着知识经济时代的快速发展以及国家知识产权战略的深入实施，知识产权已经成为引领产业持续发展、提升企业核心竞争力的战略资源和决定性因素。知识产权制度在我国建立的时间并不长，知识产权管理也是在近十几年才引起国家的重视，对这个问题的研究主要处于宏观层面，对可操作性较强的微观层面的研究则尚未深入。高新技术企业是国家知识产权战略的重要依托，目前，对高新技术企业知识产权的研究，主要是从法律和技术角度进行研究，从微观角度研究高新技术企业知识产权管理的著作很少，把知识产权法律制度与高新技术企业知识产权管理相结合的理论研究更不多见。本书希望通过对高新技术企业知识产权管理的粗浅研究，进一步丰富知识产权制度与知识产权管理的理论研究，并在知识产权法学与管理学相结合的理论方面有所贡献。

（二）现实意义

知识产权能够培育高新技术企业的核心能力，进而增强企业的综合竞争力。高新技术企业需要现代化的知识产权管理体系来支撑其快速发展，更需要科学的知识产权管理为其保驾护航。目前，国内很多高新技术企业缺乏自主知识产权，并且知识产权意识淡薄，漠视知识产权管理。随着知识经济时代的到来和经济全球化进程不断加快，我国高新技术企业如何在知识产权问题上变被动为主动，积极应对发达国家企业利用知识产权对我国企业国内外市场的争夺，最大限度地提高经济效益，是一项十分紧迫而重要的任务。我国高新技术企业应正视目前在知识产权管理方面存在的问题，学习借鉴发达国家企业知识产权管理的先进经验和做法，在不断摸索中加强知识产权管理工作，提高我国企业知识产权管理水平。笔者认真研究分析了我国高新技术企业知识产权管理的现状，综合运用笔者所学的技术知识、法学知识、管理学知识，提出了构建企业知识产权管理体系和完善高新技术企业知识产权管理的措施。笔者希望通过对高新技术企业知识产权管理的粗浅研究，能够在我国高新技术企业加强知识产权保护意识，预防现有知识产权的流失以及合理地利用知识产权方面有所指导和帮助，在日渐激烈的国际竞争中占有一席之地。

二、国内外研究现状

（一）国外研究综述

知识产权作为一种财产权利是近几个世纪才确立的，在知识产权制度的形成过程中，产生了一些关于知识产权的基本理论和学说。

英国政治思想家约翰·洛克（John Locke）将自然权利学说运用于财产权的分析，创立了财产权劳动理论。洛克认为："土地和一切低等动物为一切人所共有。但是每个人对他自己的人身享有一种所有权，除他以外任何人都没有这种权利。他的身体从事的劳动和他的双手所进行的工作，我们可以说是正当地属于他的。""既然劳动是劳动者无可争议的所有物，那么对于这一有所增益的东西，除他以外就没有人能够享有权利，至少在还留有足够多的同样好的东西给其他人所共有的情况下，事情就是如此。"❶ 劳动有创造性劳动和非创造性劳动之分。知识产权制度，特别是其中的著作权和专利制度所涉及的劳动，是一种创造性劳动，因此，值得拥有知识产权。知识产品的创造者为社会的科技和文化进步作出了有价值的贡献，理应享有知识产权。财产权是一种与生俱来的天赋权利，任何

---

❶ 蒋坡.知识产权管理 ［M］.北京：知识产权出版社，2007：21.

社会及法律都必须为其提供保护。根据洛克的逻辑，既然知识产品是劳动的产物，人们就理所当然应对知识产品享有财产权。这种理论把人类的创造性思想确认为知识财产，也就是说，完成发明创造的人对他的发明具有获得保护的固有的或者说自然的权利，这种权利同物质财产权利一样不容侵犯。洛克的财产劳动理论不仅为解释有形财产权的合法性提供了极为重要的理论基础，同时也为包括知识产权在内的无形财产权的解释奠定了基础。

相比于洛克的财产权劳动理论，黑格尔的财产自由意志理论在解释知识产权的合理性时更加具有说服力。黑格尔认为，物只能够从我的意志中获得它的规定性和灵魂，也只有人才能够把他的意志或灵魂通过对物的支配，从而使它具有人的目的性。按照黑格尔的观点，知识产品的创造者之所以对自己的知识产品享有权利，是因为该产品不仅是劳动的产物，而且还包含着人的自由意志，烙上了人的精神和整个人格，负载在人的智力创造物中的思想是智力创造者人格或者自身的体现。因而，创作者对作品享有权利。

发展国家经济论认为智力成果具有非常高的经济与社会价值，给予其法律保护是从发展国家经济的观点出发而采取的一项措施。早在 1474 年，《威尼斯专利法》在前言中就明确提出：发明新产品对国家有好处。所以它规定第一个制造新产品的人有义务向国家主管机关登记，并实施其发明。1623 年英国制定的反垄断法，除了保护本国的发明创造，还开创了保护从国外引进的发明创造的先例。威尼斯和英国建立专利制度的目的都是促进国家经济的发展，其理论依据就是发展国家经济论。

信息论认为，包括发明创造在内的所有智力成果都主要以信息状态而存在，与物质成果在自然属性上有重要区别。物质成果具有可塑性、可控性，而智力成果是一种信息，它是物质与精神之外的第三本原或第三状态，它的最大特点是分享性，即智力成果这种信息资源可以同时为众多的使用者所共有，因此它具有非可控性，即它能够冲破种种非自然性束缚，通过多种渠道和传输手段加以扩散。尤其是在当代传播手段比较现代化的情况下，如通过制成声像制品出售，通过卫星传播，使全世界都可以接收、享受等。因此，需要制定国际公约，并在加入公约的国家制定的各国知识产权法律中加以规范。这样，知识产权的财产性质才得以实现。这种理论增加了对现代知识产权保护的客观性及国际化发展的认识。❶

激励理论从激励智力创造的角度研究知识产权，通过给予智力创造者报偿的手段来激发智力创造，强调个人进一步发展的社会利益，如果个人的智力创造成果受到法律的保护，将激发智力创造者的进一步创造活动，而社会将通过革新、文化扩张等得到发展。平衡理论认为，知识产权可以看成一种信息产权，而在一定时期内，信息的容量总是有限的，知识产权制度应当在信息生产、信息专有和信息的接近之间达成一个适当的平衡。

---

❶ 徐明华，包海波.知识产权强国之路——国际知识产权战略研究[M].北京：知识产权出版社，2003.

由于知识产权具有无形性特征，人们早期对知识产权的研究论述主要以间接的方式进行。20 世纪以后，知识对经济的推动作用开始为人们所认识，经济学领域对知识和信息的研究开始逐步推动社会对知识产权及其相关理论进行直接、深入的研究和思考。1912 年，美籍奥地利经济学家约瑟夫·熊彼特（Joseph Schumpeter）在《经济发展理论》一书中提出了创新假说，认为创新是一种内在因素要求的结果，经济发展是这种来自内部的、自身创造性的对于经济生活的一种变革。❶ 基于创新假说而形成的熊彼特学派的理论为后来的知识创新和国家创新观点的形成提供了理论背景。此后不久，另一位美国经济学家弗兰克·奈特（Frank Hyneman Knight）于 1921 年在其著作《风险、不确定性和利润》中将知识交流、完全信息和预期知识纳入经济研究范畴。

国际上最早关于知识产权研究的著作是爱德华·布劳曼（Edward W. Ploman）与克拉克·汉密尔顿（L. Clark Hamilton）合著的《信息社会的知识产权》（*Intellectual Property in the Information Age*）一书。1962 年美国经济学家弗里兹·马克卢普（Fritz Marklup）在其专著《美国的知识生产和分配》中提出知识产业理论以后，产业界对于知识产权的诉求极大地推动了知识产权领域的研究，此后关于包括专利在内的各类知识产权的研究开始在经济、政治、哲学和法律等领

---

❶ 约瑟夫·熊彼特.经济发展理论对于利润、资本、信贷、利息和经济周期的考察 [M]. 何畏，易家详，等译.北京：商务印书馆，1990：73-74.

域中大量出现。

　　知识产权管理在国外的研究与实施已有几十年的历史，发展已经相对成熟。如美国、日本、韩国非常重视知识产权管理的研究和运用，使知识在经济增长中所占的比重达到70%以上，知识产权管理取得很大成功。在保罗·罗默（Paul Romer）（1990）研究的基础上，经济学家探究了知识产权保护在刺激经济增长方面的作用。高桥明夫（1990）主张企业开展专利工作，应密切结合企业的战略方针需求。一些经济学家，如福曼·波特（Furman Porter）和斯特恩（Stern）（2002）、乔舒亚·甘斯（Joshua Gans）和斯特恩（2003）通过经济合作与发展组织论证了知识产权保护的强化是创新绩效（以全球专利测量为例）的一个关键驱动因素。贝莱（Belay）（2006）经研究认为，随着知识产品在全球经济贸易份额的大幅度增加和国际技术竞争的加剧，专利和其他类型的知识产权的功能大大提升。他考察了国内专利保护对国外投资的影响，经实证研究发现，专利保护水平与外国投资有正相关关系。萨姆森（Samson）（2005）认为，当人们想到知识产权，他们就会想到知识产权通过专利、商标和著作权进行法律保护，然而，知识产权的真正价值是企业利用它作为企业战略——资产增值、研究开发和企业发展整体营销战略的一部分。专利形式的知识产权被认为是企业经营战略的一个基础组成部分。瓦格曼（Wagman）（1999）举例说明自从人们公认的世界上第一个专利于1421年在佛罗伦萨共和国诞生以来，知识产权、创新战略、企业战略和收益率之间就存在紧密的联系。知识产权管理的目标是提供给发明者保护和享有创新成果，以此来促进企业战略。高桥明夫（1990）将企业专利战略定义为根据企业方针进行的战略性专利活动，从战略上进行进攻和防卫，充分发挥专利的各种作用。美国学者理纳德·玻克维兹（Leonard Bokvitz）认为专利战略是保证企业能保持已获竞争优势的工具。哈里斯（Harris）（2001）从战略的角度论述了企业商标和绩效之间的关系。丹·麦科迪（Dan McCurdy）和马歇尔·菲尔普斯（Marshall Phelps）（2002）论述了知识产权的许可战略和许可能力问题。斯图尔特（Stewart）（1999）认为知识产权与企业战略有着密切联系，知识产权是知识资本的子集，是企业核心能力的要素。迈克尔·波特（Michael E. Porter）（1997）通过对典型的产业群的实证研究，将竞争优势划分为低层次优势和高层次优势，倡导投资保护专有技术、积极申请发明专利、对侵权者进行诉讼等策略，以提高壁垒的方法构筑防御战略，从而达到构筑竞争优势之目的。❶ 亚历山大·波尔托拉克（Alexander I. Poltorak）博士和保罗·勒纳博士（Paul J. Lerner）（2004）合著的《知识产权精要》一书从知识产权的基础知识入手，对各种知识产权（包括专利权、商标权、著作权、其他类型的知识产权）的相关知识、研发成果保护、知识产权审计和收集情报、知识产权价值评估、知识产权许可使用、知识产权管理和相关权利的行使、计算机领域内的知识产权、专利组合及其对股票

---

❶ 李培林.企业知识产权战略研究综述［J］.经济经纬，2006（6）：81.

价格的影响等方面内容进行了系统、全面的论述。

（二）　国内研究综述

知识产权制度发源于国外，重视企业知识产权管理在发达国家早已达成共识。我国的知识产权创造、运用能力、科学技术的发展水平以及企业的技术创新能力与发达国家相比仍存在较大差距。与国外相比，我国知识产权制度建立较晚。我国于1983年、1985年、1991年和1993年先后颁布并实施了《中华人民共和国商标法》（以下简称《商标法》）、《中华人民共和国专利法》（以下简称《专利法》）、《中华人民共和国著作权法》（以下简称《著作权法》）和《中华人民共和国反不正当竞争法》（以下简称《反不正当竞争法》）。1985年我国加入《保护工业产权巴黎公约》，1992年加入《保护文学和艺术作品伯尔尼公约》（以下简称《伯尔尼公约》）和《世界版权公约》。1992年和1993年，我国先后修正《专利法》和《商标法》。2000年对《专利法》进行第二次修正，2001年又先后对《著作权法》、《商标法》进行第二次修正。我国对知识产权的研究是在1980年加入世界知识产权组织以后才开始的。进入20世纪90年代，尤其是我国加入世界贸易组织以后，对知识产权的研究已经成为理论界的热点。最初都是从法律的角度研究知识产权，很少从管理学的角度进行研究。近几年，国内学者才开始注重知识产权管理的研究。

中南财经政法大学吴汉东教授较早提出了知识产权管理范畴，对知识产权基础理论进行体系化研究。吴汉东认为，企业对知识产权的培育和运用受制于诸多社会条件制约，知识产权保护环境建设与知识产权法律、社会知识产权文化养成等要素息息相关。吴汉东（2014）从法律的角度较为系统和全面地分析研究了知识产权制度的历史沿革、理论基础和价值目标等基本问题，但没有从企业管理的角度对企业知识产权管理进行研究。❶

徐明华、包海波（2003）在汲取了国外知识产权战略理论研究成果的基础上，深入研究知识产权战略与技术创新和国际竞争优势的关系，阐述知识产权战略的内涵、特点和主要内容，并探讨构建知识产权战略的基本框架，剖析知识产权战略在全球科技、经济竞争背景下的运行方式与作用机制，全面分析近年来世界主要发达国家和发展中国家及地区知识产权战略的历史背景、战略思想、具体计划及其效果，并提出我国实施知识产权战略的基本思路、原则和框架体系。同时，以美国、日本、欧洲和我国台湾地区的典型企业为例，从企业技术创新、知识和知识产权管理、企业组织、企业文化等角度，分析发达国家和地区高新技术企业在开发利用和保护知识产权方面的成功经验。认真总结发达国家和地区在实施知识产权战略方面的经验，结合国际知识产权制度的特点、发展趋势，运用知识产权管理和技术创新理论，探讨我国实施知识产权战略应坚持的基本原则和思路。❷

---

❶　吴汉东.知识产权法［M］. 5 版.北京：法律出版社，2014.

❷　徐明华，包海波.知识产权强国之路——国际知识产权战略研究［M］.北京：知识产权出版社，2003.

　　陈昌柏（2003）将知识和技术与传统的劳动力、资本等生产要素并列为生产函数的内生变量，并且对包含知识产权的生产函数进行定量分析，探讨社会资源配置的最优状态。❶ 陈昌柏（2008）系统阐述了 TRIPS 协议、生物技术专利保护、信息产业知识产权保护、特许连锁等方面的原理和发展趋势。❷

　　何敏（2002）以企事业单位的知识产权管理这一特殊对象作为研究基点，研究构建企事业单位知识产权自我保护机制，规范企事业单位内部的各种知识产权管理关系，建立健全相关的知识产权管理制度，形成科学管理的规范体系；提出企业知识产权管理机构设置的三种基本模式：直线式组织、职能式组织和矩阵式组织；借用美国教授亨利·明茨伯格设计的权变理论模型提出知识产权管理领域中的弹性组织结构。❸

　　徐雨森（2003）从培育企业核心竞争能力、核心市场能力和核心组织能力三个层次论述知识产权战略对培育企业核心竞争力的重要作用。❹

　　柯涛、林葵（2004）从技术经济及管理的角度，结合我国科技创新体系的建设和知识产权战略的研究以及在技术创新

❶　陈昌柏.知识产权经济学［M］.北京：北京大学出版社，2003.

❷　陈昌柏.国际知识产权贸易［M］.南京：东南大学出版社，2008.

❸　何敏.企业知识产权保护与管理实务［M］.北京：法律出版社，2002.

❹　徐雨森.基于知识产权战略的工业企业核心能力培育［J］.研究与发展管理，2003（1）.

及管理过程中实施的知识产权管理的实践经验体会，比较全面、系统地阐述了知识产权管理理论，我国的知识产权法律制度，专利文献类型，专利信息检索、分析与利用，知识产权评估，企业知识产权管理战略与制度。❶

冯晓青（2005）主要从企业战略管理与竞争战略的角度研究知识产权，对企业知识产权战略管理的机制进行分析研究，认为企业要综合、灵活运用知识产权法律制度，将知识产权与经营管理有机结合起来，最大限度地获取竞争优势。该文全面分析了企业专利、商标、商业秘密战略的基本原理和措施，并对企业知识产权的资本运营战略进行了较为详细的研究，为企业知识产权的有效管理、保护、控制提供了新的渠道，为我国企业在激烈的全球性市场竞争中立于不败之地并取得竞争优势提供了切实可行的策略。❷

蒋坡（2007）从知识产权的基础知识入手，对知识产权管理基本原理、知识产权获取管理、知识产权维护管理、知识产权应用管理、知识产权国际化管理等方面的内容进行了系统、全面的论述。❸

姬韶锋（2016）以企业效益为目标，集成企业组织结构

---

❶ 柯涛，林葵.知识产权管理［M］.北京：高等教育出版社，2004.

❷ 冯晓青.知识产权管理：企业管理中不可缺少的重要内容［J］.长沙理工大学学报，2005（1）.

❸ 蒋坡.知识产权管理［M］.北京：知识产权出版社，2007.

和知识产权管理相关流程，建立了针对知识管理的指标评价体系。● 易蓉（2015）运用"熵值法"构建了企业专利管理评价体系。● 张永超（2013）构建了基于知识产权保护、运营、开发过程的企业知识产权管理系统评价体系，重点调研我国知识产权密集型产业，并选取制造业作为研究对象，还结合其特点对指标进行筛选和确立，以保证评价体系的客观性和适用性。● 田群（2010）构建了基于"知识产权战略、经营、研发运用、保护、日常管理"五维度企业知识产权管理评价体系。● 刘驰（2009）运用层次分析法对集群企业开展知识产权管理评价分析，采用"总—分"的方式，先厘清集群体系间的相互作用和关系，并立足集群知识产权管理，分别构建集群内各企业的知识产权管理体系。● 鲍新中和刘小军（2009）先构建了预选指标集，然后结合外部环境和企业知识产权管理特点筛选指标，运用集值统计法构建企业知识管理评价体系。●

● 姬韶锋.高新技术企业知识产权管理绩效评价及改善研究 ［D］. 太原：太原科技大学，2016.

● 易蓉.科技型中小企业自主知识产权成长机制与风险预警研究 ［D］. 天津：天津财经大学，2015.

● 张永超.知识密集型制造业知识产权管理系统研究 ［D］. 哈尔滨：哈尔滨工程大学，2013.

● 田群.我国企业知识产权管理绩效评价研究 ［D］. 青岛：中国石油大学（华东），2010.

● 刘驰.基于产业集群的知识产权管理研究 ［D］. 长春：吉林大学，2009.

● 鲍新中，刘小军.企业战略框架下的知识产权管理绩效评价研究 ［J］. 科学管理研究，2009（3）：82-85.

朱宇（2015）认为，在国家知识产权局、国家质量监督检验检疫总局、国家标准管理委员会以及各省区政府的大力推动下，企业知识产权贯标活动迅速在全国展开，将企业知识产权管理体系建设带入一个全新的轨道和认知领域。❶

前述研究主要从法律、技术和贸易争端等角度研究知识产权，从宏观角度研究国家知识产权战略、企业知识产权战略。

三、研究的方法、目的及主要创新点

（一）研究方法

本书在研究中注重实证分析与规范分析相结合、社会调查与理论研究相结合、历史分析与现实分析相结合、借鉴与发展相结合等研究方法。

（1）实证分析与规范分析相结合。在对现有知识产权管理理论进行研究的基础上，从我国高新技术企业的实际入手，在实证分析的基础上，解决如何完善我国高新技术企业知识产权管理的问题，并提出有益建议。

（2）社会调查与理论研究相结合。在理论研究的基础上，通过对高新技术企业进行实地调查，发现我国高新技术企业知识产权管理存在的问题，结合所掌握的理论进行分析，提出切

---

❶ 李西良，田力普，赵红.高新技术企业知识产权管理体系构建与实证研究 [M]. 北京：知识产权出版社，2018：29-32.

实可行的对策。

（3）历史分析与现实分析相结合。本书不仅研究了历史上各国学者有关知识产权管理理论的相关文献以及产生相关理论的背景，而且结合当前的国际国内大背景，进一步研究了知识产权管理理论的发展现状及未来方向。

（4）借鉴与发展相结合。借鉴国外企业知识产权管理的经验，结合我国的具体实际，针对我国高新技术企业知识产权管理存在的问题，提出不断完善我国高新技术企业知识产权管理的对策。

（二）研究目的

根据笔者多年来的教学研究和律师实务工作经验，本书期望将技术、法学与管理学相结合，拓宽我国高新技术企业知识产权管理的研究领域，综合运用技术、法学和管理学知识，深入研究我国高新技术企业的知识产权管理。笔者希望通过对高新技术企业知识产权管理的粗浅研究，进一步丰富知识产权制度与知识产权管理的理论研究，并在知识产权法学与管理学相结合的理论方面有所贡献；能够在我国高新技术企业加强知识产权保护意识，预防现有的知识产权流失以及合理地利用知识产权方面起到一定的指导作用和帮助，使之在日渐激烈的国际竞争中占有一席之地。

（三）主要创新点

（1）将技术、法学、管理学等学科的知识有机结合，进行跨学科研究。

（2）对我国高新技术企业知识产权管理的研究，不能局限于理论层面，而应注重理论联系实际，为我国高新技术企业知识产权管理指明出路。

（3）比较分析国外企业知识产权管理经验，从中探寻对我国高新技术企业知识产权管理的启示。

第二章 高新技术企业知识产权
管理理论分析

要研究高新技术企业知识产权管理，必须对高新技术企业知识产权管理的基本理论进行分析。

一、高新技术企业的界定

高新技术是那些对一个国家或者一个地区的政治、经济和军事等各方面的进步产生深远影响，并能形成产业的先进技术群。❶ 高新技术应当处于当代科学技术前沿，具有知识密集型特点的新兴技术，如信息技术、生物技术、新材料技术、新能源技术、空间技术与海洋技术等。我国确认高新技术的依据是2016年修订颁布的《国家重点支持的高新技术领域》，明确了国家重点支持的高新技术领域为：电子信息、生物与新医药、航空航天、新材料、高技术服务、新能源与节能、资源与环

---

❶ 高新技术［EB/OL］.［2021-11-08］. https：//baike.baidu.com/item/%E9%AB%98%E6%96%B0%E6%8A%80%E6%9C%AF/3893186?fr＝aladdin.

境、先进制造与自动化。在我国，高新技术企业是指在《国家重点支持的高新技术领域》内，持续进行研究开发与技术成果转化，形成企业核心自主知识产权，并以此为基础开展经营活动的居民企业。高新技术企业应当同时满足以下条件。

（1）在中国境内（不含港、澳、台地区）注册的企业，近3年内通过自主研发、受让、受赠、并购等方式，或通过5年以上的独占许可方式，对其主要产品（服务）的核心技术拥有自主知识产权。

（2）产品（服务）属于《国家重点支持的高新技术领域》规定的范围。

（3）具有大学专科以上学历的科技人员占企业当年职工总数的30%以上，其中研发人员占企业当年职工总数的10%以上。

（4）企业为获得科学技术（不包括人文、社会科学）新知识，创造性运用科学技术新知识或实质性改进技术、产品（服务）而持续进行了研究开发活动，且近3个会计年度的研究开发费用总额占销售收入总额的比例符合如下要求：最近1年销售收入小于5000万元的企业，比例不低于6%；最近1年销售收入在5000万元至20000万元的企业，比例不低于4%；最近一年销售收入在20000万元以上的企业，比例不低于3%。其中，企业在中国境内发生的研究开发费用总额占全部研究开发费用总额的比例不低于60%。企业注册成立时间不足3年的，按实际经营年限计算。

（5）高新技术产品（服务）收入占企业当年总收入的

60%以上。

（6）企业研究开发组织管理水平、科技成果转化能力、自主知识产权数量、销售与总资产成长性等指标符合《高新技术企业认定管理工作指引》（另行制定）的要求。

高新技术企业是知识密集、技术密集的新型企业，与传统企业相比，具有以下五个显著特点。❶

（一）技术、知识密度高

高新技术企业比普通企业的涉及面广，例如材料科学涉及固体物理、电子学、精密机械、精细化工、电子和真空等学科。对于高新技术企业来说，人才和科学是第一位的要素，据有关专家统计分析，在高新技术企业中，科技人员是传统企业的5倍，技术工人比传统企业多70%。❷

（二）需要高投入

高新技术产业涉及当代最前沿、最尖端的技术领域，学科范围广，难度大，在研究和生产过程中需要多学科专家、技术人员协同攻关才能完成。高新技术研究开发工作包含的不确定因素众多，其研究开发的成功率较低，需要不断研究、反复试验才能有所进展。高新技术企业研究、开发、生产各阶段所需

---

❶　张华.高技术企业成长研究［D］.成都：四川大学，2003.

❷　张亮.自主知识产权与中国高新技术企业发展研究［D］.武汉：武汉理工大学，2006.

仪器、设备、材料在技术参数方面（性能、可靠性、精密度等）要求很高。因此，企业投入研究开发及生产的人、财、物远远高于一般传统企业。

（三）高　风　险

相对于传统企业，高新技术企业面临着更大的风险，往往不被人们所重视的是高新技术企业的高风险。实际上由于高新技术企业所从事的是以科学技术上的新发明、新创造为基础的技术商品化活动，它不可避免地存在开发失败的风险。高新技术企业面临的风险主要有技术风险、市场风险和管理风险。技术上的不确定性带来了技术风险。一项技术能否按预期的目标达到预期的功能，在研制之前及过程中是不能确定的，新技术的发展前景是不确定的，而且技术寿命也是不确定的。由于高新技术产品变化迅速、寿命周期短，因此极易被更新的技术替代，当更新的技术比预期提前出现时，原有技术将蒙受提前淘汰的损失。技术上可行的产品只有得到市场的认可，才能实现其价值，给企业带来收益。由于高新技术企业往往重视创造需求，因而比传统企业面临更大的市场风险。首先是难以确定市场的接受能力，其次是难以确定市场的接受时间。高新技术产品推出的时间与诱导出需求的时间之间有一时滞，这一时滞过长将导致企业开发新产品的资金难以收回。管理风险是指高新技术企业因管理不善而带来的风险。它主要包括：（1）观念落后，即企业领导者因为创新意识不强而带来的风险；（2）决策失误，由于高新技术具有投资大，产品更新换代快

（一般为 2~3 年）的特点，这就使对高新技术产品项目的决策尤为重要，决策一旦失误，就会给企业造成不可估量的损失。高新技术企业在经营过程中需要加倍注意知识产权风险，一方面要防止侵害他人的知识产权，另一方面也要防止相关方侵犯本企业的知识产权。

（四）高　收　益

尽管高新技术企业投入高、风险大，但是一旦成功，就会获得丰厚回报。这是因为：（1）高新技术企业生产的产品技术含量高，其性能、可靠性、质量等指标在满足用户需要方面更为完善，因而会带来更高的附加值；（2）高新技术企业往往更为重视创造需求，因而其产品创新程度较大，具有很大的垄断性，可以获得一部分垄断利润；（3）由于高新技术企业投入高、风险大，其产品自然包含风险价值，故产品价值远远高于常规技术产品总价值，其收入中有一部分属于风险收入。当然，从根本上来说，高新技术企业之所以有高收益，是因为高新技术企业中的劳动是一种复杂的劳动，与传统企业相比，其劳动的复杂程度大大增加，即使是一般的生产者，也需要较复杂的劳动投入。因此，与传统企业相比，高新技术企业具有高收益的特征。

（五）高速成长性

高新技术企业只要能开发出满足市场需要的高新技术产品，就能凭借高新技术产品的新颖性和高技术特性迅速占领市场，从而获得巨大的经济效益。同时，高新技术产品变化速度快，生命周期短，使市场需求也不断升级换代，不容易饱和。因此，高新技术企业发展呈现出比传统企业高得多的增长率。

改革开放以来，我国的经济体制、经济运行机制、经济格局都发生了深刻的变化。高新技术企业作为国际经济和科技竞争的重要阵地，是当代经济发展的重要支柱和一个国家综合国力发展的重要标志。随着我国"火炬计划"和"863 计划"的实施，高新技术对传统产业改造的步伐正在不断加快，国务院先后成立了 53 个国家级高新技术企业开发区，其中不少已初具规模。随着开发区高新技术产业的持续发展，不少地方已经把发展高新技术产业作为振兴地方经济的关键措施。

二、知识产权的界定

知识产权是指公民、法人或非法人单位依法对智力劳动成果所享有的各种权利的统称。知识产权是从英文 Intellectual Property 翻译过来的。有的又译为知识财产权、知识所有权、精神产权、无形财产权、智慧财产权等。我国大陆地区现已习惯用"知识产权"术语，台湾地区的不少学者常使用"智慧财产权"术语。

1967 年 7 月 14 日在斯德哥尔摩签订的《成立世界知识产权组织公约》将知识产权的范围界定为以下类别：（1）关于文学、艺术和科学作品的权利（著作权）；（2）关于表演艺术家的演出、录音制品和广播节目的权利（邻接权）；（3）关于人类的一切领域的发明的权利（发明专利权及科技奖励意义上的发明权）；（4）关于科学发现的权利（发现权）；（5）关于工业品外观设计的权利（外观设计专利权或外观设计权）；（6）关于商标、服务标志、厂商名称和标记的权利（商标权、商号权）；（7）关于制止不正当竞争的权利（反不正当竞争权）；（8）一切在工业、科学、文学或艺术领域由于智力活动产生的其他权利。

1994 年关贸总协定缔约方签订的《与贸易有关的知识产权协定》（TRIPS 协定）划定的知识产权范围包括：（1）著作权及其相关权利（邻接权）；（2）商标权；（3）地理标记权；（4）工业品外观设计权；（5）专利权；（6）集成电路布图设计权；（7）未公开信息专有权（商业秘密权）；（8）许可合同中限制竞争行为的控制。❶

我国法律规定的知识产权范围是：（1）著作权（版权）；（2）专利权（发明专利权、实用新型专利权、外观设计专利权）；（3）商标权；（4）商业秘密权；（5）集成电路布图设计权；（6）动植物新品种权；（7）其他科技成果权。

知识产权与传统民事权利相比具有以下五个突出的特点。

（一）无　形　性

知识产权以无形的智力成果为客体，智力成果是人们通过智力劳动创造的无形财富，它是一种可以脱离其所有者而存在

---

❶　吴汉东.知识产权法［M］.北京：法律出版社，2021.

的无形的信息，可以同时为多个主体所使用，在一定条件下也不会因多个主体的使用而使该项知识财产自身遭受损耗或者灭失。无形，是指知识产权客体不具有物质形态，不占有一定的空间，客观上无法被人们实际占有。从法律保护的角度来看，有形财产权保护的核心是占有，而知识产权保护的核心是使用。无形这一特点，使知识产权保护和侵权认定比有形财产权保护和侵权认定复杂得多，也使知识产权与有形财产所有权相比，更容易被他人侵犯。

（二）专 有 性

专有性也称排他性、垄断性或独占性，是指知识产权的权利主体依法享有独占使用智力成果的权利，他人不得侵犯。笼统地讲，有形财产所有权也具备专有性，但知识产权的专有性有独特之处，其专有性既有绝对性，又有相对性。专有性的绝对性是指知识产权的客体相同时，权利主体一般只能有一个。专有性的相对性是指知识产权的利用受到法律的许多限制，其垄断性并不是绝对的。科技的发展是社会进步的动力，智力成果的垄断利用就必须和社会公共利益相平衡，因而知识产权法律制度中有强制许可、合理使用、法定许可、过期失效等限制垄断性利用智力成果的条款，规定了许多情形下其他单位和个人可以不经知识产权权利人的同意，有条件地利用他人的智力劳动成果。不同的知识产权，权利利用受限制的程度也有所区别。著作权的垄断性相对较弱；商标权的垄断性则相对较强，权利利用几乎不受限制；专利权的垄断性则介于著作权权和商标权之间。

（三）时 间 性

知识产权的时间性是指知识产权的客体只在法律规定的期限内受法律保护，超出期限后，该智力成果进入公有领域，任何人可以无偿使用。至于期限的长短，依各国的法律确定。例如，我国发明专利的保护期限为 20 年，外观设计专利的保护期限为 15 年，实用新型专利的保护期限为 10 年，均自专利申请日起计算；我国公民作品的著作财产权的保护期为作者终生及其死亡后 50 年，截止于作者死亡后第 50 年的 12 月 31 日。我国商标权的保护期限自核准注册之日起 10 年，但可以在法律规定的期限内申请续展注册，每次续展注册的有效期为 10 年，续展的次数不限，由此可见，商标权的期限有其特殊性，可以根据其所有人的需要无限地续展权利期限。如果商标权人逾期不办理续展注册，其商标权也将终止。须注意的是，知识产权的时间性是针对大多数知识产权而言的，少数知识产权并不受时间限制，从理论上讲，有些知识产权长期受法律保护。例如商业秘密权，企业名称权，地理名称权，知名商品特有名称、包装、装潢权。商业秘密受法律保护的期限是不确定的，该秘密一旦为公众所知悉，即成为公众可以自由使用的知识。对知识产权进行时间限制的原因有两个：一是智力成果的利用与社会的繁荣休戚相关，由个别人无期限地垄断利用必然会阻碍技术进步和社会发展；二是智力成果本身也具有一定的周期，到了一定期限也会自然丧失价值。

（四）地　域　性

知识产权的地域性是指知识产权的法律效力原则上只及于特定国家和地区的地域范围。即各国主管机关依照其本国法律授予的知识产权，只能在其本国领域内受法律保护。除签订有国际公约或双边互惠协定的以外，知识产权没有域外效力，域外的其他国家对这种权利没有保护的义务，域外的任何人均可在自己的国家内自由使用该智力成果，既无须取得权利人的同意，也不必向权利人支付报酬。例如，我国专利局授予的专利权或我国商标局核准的商标专用权，只能在我国领域内受保护，在其他国家则不给予保护，外国人在我国领域外使用中国专利局授权的发明专利，不侵犯我国专利权。所以，我国公民、法人完成的发明创造要想在外国得到保护，必须在外国申请专利。反之亦然。再如，一个在中国注册的商标在其他国家并不能得到法律保护。另外，知识产权相互独立，同一智力成果在不同国家或地区获得的知识产权相互无关。知识产权的地域性并不是绝对的。随着科学技术的日益进步和国际贸易的发展扩大，知识产品如专利、商标等越来越多地进入国际市场，促进了各国的科学文化交往，而知识产权的地域性则不利于科学文化的国际交流。为了解决这个矛盾，各国先后签订了一些保护知识产权的国际公约，成立了一些全球性或地区性的保护知识产权的国际组织，形成了一套国际知识产权保护制度。但是，知识产权的国际保护只有在签订了保护知识产权公约的成员方之间才具有效力。因此，要想使某项知识产权在境外也得到法律的保护，就必须依照共同参加的国际公约或双方签订的协定，到请求保护国去提出申请或进行登记。否则，它是得不到外国法律保护的。另外，知识产权在某一国家失效，丝毫不影响该知识产权在其他国家已取得权利的效力。

（五）双　重　性

某些知识产权具有财产权和人身权的双重性。如著作权，其财产权属性主要体现在所有人享有的独占权或者排他权以及许可他人使用而获得报酬的权利，其所有人可以通过自己独家实施获得收益，也可以通过有偿许可他人实施获得收益，还可以像有形财产那样进行买卖或抵押；其人身权属性是指署名权、发表权、修改权和保护作品完整权等。当然，有些知识产权具有单一的属性，例如，商业秘密只具有财产权属性，不具有人身权属性。

三、企业知识产权管理的特点

企业管理是指企业为了有效实现自己的组织目标，由专门的管理人员利用专门的知识、技术和方法对企业活动进行计划、组织、领导和控制的过程。知识产权管理就是为了规范知识产权工作，充分发挥知识产权制度的重要作用，促进自主创新和形成自主知识产权，推动知识产权的开发、保护、运营，由专门的知识产权管理人员利用法律、经济、技术等方式方法所实施的有计划地组织、协调、谋划和利用的活动。企业是市场竞争的主体，也是最主要的知识产权创造主体和利用主体。企业知识产权管理属于企业管理的范畴，也属于知识产权管理的范畴。根据企业管理和知识产权管理的含义，可将企业知识产权管理作如下定义：企业知识产权管理是指企业为了有效实现自己的组织目标，规范企业知识产权工作，充分发挥知识产权制度在企业发展中的重要作用，促进企业自主创新和形成自主知识产权，推动企业知识产权的开发、保护、运营，由专门的知识产权管理人员利用法律、经济、技术等方式方法对企业知识产权所实施的有计划的组织、协调、谋划和利用的活动。❶ 企业知识产权管理具有以下八个方面的特点。

（一）系 统 性

企业知识产权管理是一个整体系统。它由多个子系统构成，各个子系统之间相互作用、相互制约，共同服务于企业知识产权管理目标。从知识产权管理活动的纵向过程来看，企业知识产权管理涉及从技术研发前的创新准备到创新成果产业化的全过程；从其在市场竞争中发挥作用的横向过程来看，知识产权管理与企业的生产经营活动密切相关。

（二）复 合 性

企业知识产权管理涉及的知识领域具有复合性，这是由知

---

❶ 冯晓青.知识产权管理：企业管理中不可缺少的重要内容[J].长沙理工大学学报，2005（1）：19-24.

识产权的本质特征所决定的，它与科技、艺术、经济、法律、社会、网络等多个领域之间存在千丝万缕的内在联系。比如，理工科领域的制造技术、设计技术、计算机应用等；经济管理领域的企业经营战略、市场营销、资产评估、人力资源等；法律领域的专利法、商标法、著作权法等；此外还有情报学、信息管理等领域。在企业知识产权管理实践中，企业需要根据知识产权活动的具体情况将这些相关的知识进行有机整合。

（三）目标单一性

企业知识产权管理系统目标明确而且单一，其直接目标就是提升企业自主知识产权的拥有量。通过此目标的实现使企业获得市场进入的通行证和市场垄断的保护伞，以此进一步提高企业的国际竞争力，实现企业最佳经济效益。❶

（四）法　律　性

企业对知识产权实施管理应当依据相关的法律进行。这里的法律既包括国家制定的知识产权法律，如专利法、商标法、著作权法和反不正当竞争法等，也包括相关的行政法规、地方性法规、部门规章和司法解释等。企业的知识产权管理工作不能违反相关法律的强制性规定，否则可能产生对企业不利的后果。例如，企业在制定专利申请策略时，就应当考虑各国关于

---

❶ 刘希宋，于雪霞.企业知识产权管理的特征和本质［J］.科学管理研究，2008（1）：110-111.

授予专利权的条件、申请程序以及该国实行的是先申请原则还是先发明原则等，否则专利申请就可能被驳回。再如，企业在使用注册商标时不得违反商标法的强制性规定，否则会受到处罚，甚至被撤销该注册商标。因此，企业要进行有效的知识产权管理，就必须熟悉相关的法律制度，依法进行管理。

（五）市　场　性

知识产权制度是市场经济的产物，同时又服务于市场经济。知识产权制度作为一项维护市场主体之间的竞争秩序、激励知识产品的创造和传播的制度安排，在市场竞争中的效用是不可替代的。企业投入资金和人力进行技术开发和创新、商标推广和宣传以及对其知识产权实施管理都是为其市场竞争服务，使其在竞争中取得主动。因此，企业进行知识产权管理应当遵循市场经济规律，以市场机制为导向，以市场效益为目标，实施市场化管理。例如，企业确定产品和技术研发项目时，应当进行市场前景和技术发展趋势分析和预测，并考虑市场需求。同时，企业要根据市场环境的变化对企业知识产权管理作出相应的调整，以适应市场的变化。

（六）动态性特征

首先，企业知识产权管理的市场性特点要求企业应当根据市场情况的变化对其知识产权管理工作作出相应的调整。其次，由于法律所赋予的知识产权往往都具有时间性，企业及其竞争对手所享有的知识产权的法律状态会随着时间而变化。企业应当根据这种权利状态的变化而采取相应的对策以最大限度地实现企业的利益。例如，在企业的一项基本专利即将到期或者已经到期时，企业的专利战略就有必要作出相应的调整。再如，企业的注册商标的保护期即将届满时，企业应当及时续展。最后，国家知识产权制度和政策的调整也会使企业的知识产权管理工作发生变动。因此，企业应当密切关注市场、法律制度和知识产权权利状态的变动，对知识产权实施动态管理。

（七）从　属　性

企业知识产权管理是企业管理的一部分，其目的是使企业获得最佳的市场效益。因此，企业知识产权管理必须符合企业的整体经营规划，应当根据企业管理的指导思想与发展目标来进行，并要注意与企业其他领域的管理相结合。所以说企业知识产权管理具有从属性。当然，由于企业知识产权管理工作具有较强的技术性和法律性，其从属性特征并不能否定其自身的特殊性和相对独立性。

（八）文　化　性

知识产权及知识产权制度作为鼓励创新的机制，其产生和发展都离不开一定的文化背景，企业知识产权管理当然要融入企业文化之中。❶

---

❶　朱雪忠.企业知识产权管理［M］.北京：知识产权出版社，2008：3-5.

四、高新技术企业知识产权管理的目标

高新技术企业既承担着技术的研究开发、专利申请与实施任务，又承担着产品市场营销、开拓国内外市场等方面的任务，其知识产权管理的目标是通过依靠和利用知识产权制度，有效地利用专利、商标、商业秘密等资源加强企业的知识产权保护，防止知识产权这类无形资产的流失，实现知识产权资源的优化配置，提高知识产权的运用效益，提高企业自身发展水平和综合竞争力并获取最大利润，为高新技术企业的市场竞争服务。

高新技术企业知识产权管理的目标具体包括以下六个方面。

（1）通过知识产权管理，增强企业的知识产权意识。企业在知识产权管理的过程中，可以通过宣传、培训、教育等方式增强企业员工的知识产权意识，从而为企业知识产权工作的顺利开展奠定基础。

（2）通过知识产权管理，大量形成企业的自主知识产权。企业知识产权管理的重要组成部分就是技术开发的管理、商标品牌的宣传和推广。通过企业的自主研发以及品牌的推广，可以促进企业自主知识产权的产生，从而增强企业的市场竞争力。

（3）通过知识产权管理，防止企业无形资产的流失。由于我国的市场经济起步较晚，社会公众及许多企业的知识产权观念和意识不强，导致我国许多企业的无形资产特别是知识产权的大量流失。比如，我国的许多驰名商标在境外被抢注，企业的技术因未申请专利而被他人无偿使用，企业的商业秘密因保密不力而泄露等。企业可以通过知识产权管理来规范企业及员工的行为，进而防止企业无形资产的流失。

（4）通过知识产权管理，提高企业知识产权的收益。知识产权是企业的重要无形资产，但是知识产权本身只有通过实际利用才能为企业带来实际的收益。对知识产权的有效运营（如用知识产权进行融资、投资，或者许可他人使用，或者进行转让等）可以为企业带来巨大的收益。

（5）通过知识产权管理，加强企业知识产权的保护，使自己拥有的知识产权权益不会被第三人侵犯。

（6）通过知识产权管理，增强企业应对知识产权战争的能力，尤其是竞争对手的知识产权攻势。❶

企业知识产权管理目标主要是通过以下机制实现的。

（1）以知识产权法律制度提供的保护手段促使企业的科研成果得到法律保护，使其转化为企业的一笔重要的无形财富和物质财富。

（2）通过知识产权制度的激励机制和企业激励知识创新的具体制度，调动企业员工从事知识产权创造特别是发明创造的积极性，形成有利于企业技术创新的良性机制。

（3）通过知识产权制度的市场垄断机制垄断商品，进而

---

❶　朱雪忠.企业知识产权管理［M］.北京：知识产权出版社，2008：6-7.

独占市场优势。

（4）以企业作为承担知识产权管理任务的主体，建立科学的知识产权管理制度，使之贯穿于企业的生产管理、科技管理和营销管理的全过程，以适应市场经济条件下竞争与发展的需要。

五、高新技术企业知识产权管理的内容

对于高新技术企业知识产权管理的内容，笔者从宏观和微观两个层面进行分析。

宏观层面，高新技术企业知识产权管理的内容包括高新技术企业知识产权战略管理和高新技术企业知识产权工作的总体规划与管理。从高新技术企业知识产权战略管理的动态过程来看，高新技术企业知识产权战略管理包括企业知识产权战略的制定、企业知识产权战略的实施和控制、企业知识产权战略的评估和调整；从高新技术企业知识产权战略的具体内容来看，高新技术企业知识产权战略包括企业专利战略、企业商标战略、企业商业秘密战略、企业著作权战略、企业的知识产权人才战略以及企业知识产权信息战略等。高新技术企业知识产权工作的总体规划和管理主要涉及高新技术企业知识产权工作的总体计划和组织。

微观层面，高新技术企业知识产权管理主要包括以下内容。

（1）高新技术企业专利管理。其内容主要包括企业专利管理机构的建立、专利管理人员的管理（比如知识产权工作

人员的任职条件、招聘、培训、岗位设置及其职责等）、企业专利管理制度建设、专利战略的研究与运用、技术和产品研发管理、专利信息管理、专利申请管理、专利利用管理、专利权保护、专利纠纷处理等。

（2）高新技术企业商标管理。其内容主要包括企业商标管理机构的建立、商标管理人员的管理、商标管理制度建设、商标战略研究与运用、商标设计和选择、商标注册、商标权维护和利用、商标权保护、商标印制管理、商标档案管理、商标纠纷处理等。

（3）高新技术企业著作权管理。其内容主要包括企业著作权管理机构建立、著作权管理人员的管理、著作权管理制度建设、创作材料的保存和管理、技术措施的使用、软件作品登记、加入著作权集体管理组织、著作权信息管理、著作权利用以及作品的创作等。

（4）高新技术企业商业秘密管理。其内容主要包括企业商业秘密管理机构的建立、商业秘密管理人员的管理、商业秘密管理制度建设、商业秘密的认定和档案管理、技术创新成果保护方式的选择、商业秘密的内部保密措施、企业对外活动中商业秘密的管理、商业秘密保护等。

（5）高新技术企业其他知识产权管理。

六、高新技术企业知识产权管理
体系的理论分析

高新技术企业知识产权管理是一个系统工程，其有效运转有赖于科学的管理体系，完善的知识产权管理体系是高新技术企业有效运营知识产权的基础，是充分发挥知识产权资源效益的保障，是实现高新技术企业知识产权管理目标的前提条件。这就需要高新技术企业建立一个高效的知识产权管理体系，这种知识产权管理体系要求强化知识产权管理，将知识产权管理工作贯穿于高新技术企业技术开发、生产、经营全过程，并且在知识产权管理中注重知识产权管理部门与其他专业部门的相互配合。

（一）企业知识产权管理部门及其职能

高新技术企业知识产权管理部门是企业内部专门履行企业知识产权管理职能，对企业所拥有的知识产权资源进行有效的计划、组织、领导和控制以实现企业最佳效益的工作机构。高新技术企业知识产权管理部门具有四个主要特征。（1）在法律地位上，它是企业内部机构。知识产权管理部门是企业各自设立的一个内部机构，不具有独立的法人资格，是作为企业的一部分而存在的。（2）在职能上，它对本企业所拥有的知识产权进行有效的利用。企业设立知识产权管理部门，就是以企业的智力成果为管理对象，采用适当的方式对其加以保护和利用，以符合企业现在和将来发展的需要，从而实现企业最佳经济效益。（3）在组织机构的构成上，它是由具有专门知识结构的人才组成的。企业知识产权管理部门以保护和利用企业的知识产权为职能，具有很强的专业性，需要有专业人才来加以保护和管理。又因为企业的知识产权具有技术性和法律性等特点，因此，知识产权管理人才要具备法律、理工科和管理等复合性的知识背景，以满足知识产权管理的需要。（4）在工作机制上，它不直接参与企业的生产和经营，却作用于企业的生产经营活动。企业知识产权管理部门的主要职能在于保护和利用企业的知识产权，不直接参与企业的生产经营活动，但是它又贯穿于企业生产经营活动的始终。企业产品的研发、生产、销售以及售后服务都会涉及企业知识产权的利用与保护问题。

1. 企业知识产权管理部门设置

企业知识产权管理部门的设置，就是根据企业知识产权管理的总目标，把企业知识产权管理的各要素配置在一定的位置上，确定其活动条件，规定其活动范围，形成相对稳定、科学的知识产权管理体系。目前，企业知识产权管理部门的设置与运作尚无统一的固定模式，依据知识产权管理机构在企业中的地位，具有代表性的主要有三种模式：知识产权管理部门直属于企业最高管理层、知识产权管理部门隶属于研发部门、知识产权管理部门隶属于法律部门。

（1）知识产权管理部门直属于企业最高管理层。

在这种模式中，企业知识产权管理部门是一个独立的管理部门，它与企业的研发部门和法律部门等相互配合。在技术研发中，知识产权管理部门就要对研发人员进行必要的专利知识指导，并为研发人员提供相应的专利信息；在某项技术研发结束后，知识产权部门还要对其获得专利保护的可能性进行评估和专利申请；在产生知识产权纠纷时，知识产权管理部门则可以与企业的法律部门相互配合，共同制定相应的处理对策等。

国外很多成功的企业大多采用这种模式，我国也有一些企业的知识产权部门就是采用这种模式，如海尔公司等。海尔公司在1992年就成立了自己的知识产权部门——海尔知识产权办公室，并直接由集团总裁领导，在地位上，海尔知识产权办公室处于企业核心管理层面。

这种模式的优点是：结构简单，层级较少，企业知识产权管理部门的地位较高，有利于知识产权管理人员同企业高层管理者沟通，及时将企业的重大知识产权信息反馈给企业最高管理层，便于企业最高管理层作出决策。这种模式的缺点是：由于知识产权管理部门与研发部门相对独立，不易获取研发部门的相关信息，不能为企业的研发成果提供及时、有效的知识产权保护；研发部门也不易根据知识产权信息开展研发工作。

（2）知识产权管理部门隶属于研发部门。

在这种模式中，把知识产权管理部门设在企业的研发部门之下，可以最大限度地发挥知识产权管理在企业技术研发中的作用。同时，知识产权管理部门在必要时还要与企业其他部门发生联系，以解决企业的知识产权问题。

这种模式的优点是：研发部门与知识产权管理部门紧密相连，能够充分发挥知识产权管理部门在技术创新中的作用，可以从技术研发项目的确定、技术研发过程以及技术的评估等方面对企业的研发进行指导和配合。这种模式的缺点是：由于知识产权管理部门不直接受企业最高管理层的领导，不易将知识产权战略实施情况同高层管理者进行沟通；而且由于地位较低，在知识产权事务上对企业的影响力较小，不利于与企业其他部门的沟通和配合。

（3）知识产权管理部门隶属于法律部门。

在这种模式中，企业将知识产权管理部门设在企业的法律部门之下，负责企业知识产权管理工作，并与企业的其他相关部门进行沟通和协调。

这种模式的优点是：将知识产权管理部门设在法律部门之下能够充分发挥企业法律工作人员在知识产权事务中的作用，有利于专利、商标等知识产权的申请，知识产权贸易中合同的订立以及贸易纠纷的处理等。这种模式的缺点是：知识产权管理部门的地位较低，不易于掌握企业的研发动向和市场动向，对公司战略的反应较为迟钝，因而无法参与企业的决策，在知识产权的重大事项上可能无法发挥其应有的作用，也不利于知识产权管理部门与企业研发部门和研发人员的联系和沟通；此外，这种模式还可能会给企业员工带来对知识产权管理工作就是法律工作的片面认识。

企业知识产权管理部门不是一个法定的企业内部机构，法律没有明确统一的规定和要求，企业在组建自己的知识产权管理部门时，究竟采用哪种模式应当根据所处行业的特点以及自身的相关情况而定。

2. 知识产权管理部门的职能

在知识产权管理部门设立以后，应当明确企业知识产权管理部门的职能，这是企业知识产权管理部门开展工作的前提条件。一般来说，企业的知识产权管理部门具有以下职能：

（1）贯彻执行国家知识产权法律、法规，制定企业知识产权战略和知识产权管理制度；

（2）负责执行、实施企业知识产权战略；

（3）结合本企业的实际情况，制定知识产权管理工作规划和具体措施；

（4）协调企业内部各职能部门在知识产权工作中的关系，以保证知识产权工作的顺利开展；

（5）实施企业最高管理层关于知识产权重大问题的决定；

（6）收集、整理和分析与本企业经营相关的知识产权信息，为本企业知识产权创造、知识产权工作计划与调整提供支持；

（7）负责企业知识产权的鉴定、申请、登记、注册、评估和维持；

（8）参与企业知识产权贸易，为企业知识产权贸易提供咨询意见；

（9）处理与企业有关的知识产权纠纷，打击知识产权侵权行为，保护企业知识产权；

（10）负责企业员工知识产权知识培训，增强企业知识产权保护意识和能力；

（11）就知识产权工作代表企业进行对外交流与合作；

（12）鼓励企业知识产权的创新，引进先进的知识产权，提升企业核心竞争力；

（13）指导和监督各部门开展知识产权工作；

（14）收集并分析本单位知识产权管理方面存在的问题，提出今后工作改进的建议；

（15）其他与知识产权管理有关的职能。

3. 知识产权管理人员的配备

在确定了知识产权管理部门设置模式和职能以后，高新技术企业就应根据知识产权管理的特点和要求来组建专门的知识产权管理队伍。

高新技术企业知识产权管理具有较强的综合性，知识产权管理人员不同于一般的企业管理人员，他们既要直接面对企业研发人员，将企业的创新性成果或者标识性无形资产转化为法律性的权利，又要维护和运营知识产权，应对知识产权诉讼。"我国知识产权人才吸引和使用现状"问卷调查的结果显示，"法律知识"和"管理学知识"是知识产权专业人才普遍认为最需要的知识因素。在填写的有效问卷中，"法律知识"排第一位，占73.8%；第二位是"管理学知识"，占40.6%。选择比例较高的因素还有："工科知识"，占33.3%；"高新技术知识"，占30.6%；"理科知识"，占29.6%；"经济学知识"，占23.7%；"社会学知识"，占13.4%。由此可见，法律知识、管理学知识和理工科知识是知识产权专业人才最需要具备的知识要素。❶ 因此，知识产权管理人员应当是经过知识产权专业系统教育或培训的复合型人才。

从知识背景来看，知识产权管理人员要懂技术、熟悉法律和管理知识。一般要求具有企业所从事的技术领域的相关背

---

❶ 袁娟，宋鱼水.知识产权人才管理与开发［M］.北京：知识产权出版社，2008：41.

景，能够理解并分析相关领域产品的技术特征。同时，还必须熟悉知识产权法律和相关法律，比如专利申请过程中对专利申请文件的撰写和管理，对专利申请程序和手续的监控，商标注册申请过程中对申请要件和流程的管理，知识产权运营过程中对合同签订与履行的管理，应对知识产权诉讼时对民事诉讼程序的熟悉等都要求知识产权管理人员具有较高的法律素养。企业知识产权管理人员从事的是技术和法律相结合的企业管理事务，还应当具备必要的企业管理知识。管理知识方面的要求主要体现在企业知识产权管理人员应具备站在企业战略经营的高度管理企业的知识产权、将知识产权管理与企业的其他战略结合起来的能力，能够建立起与企业领导层、企业内部其他部门及企业外部的良好沟通协调关系，有能力制定和实施高效而公平的知识产权奖酬制度等。从知识产权管理的内容来看，企业知识产权管理人员既要与企业的技术研发人员进行沟通，将企业的研发成果通过法律程序转化为法律权利并予以维持，又要将知识产权通过合法化的手段进行运营，有时还要参与企业面临的知识产权诉讼。

（二）知识产权管理制度

完善的知识产权管理制度是高新技术企业进行知识产权管理的基础，也是企业生存与发展的重要管理方法。因此，高新技术企业实施知识产权管理，必须制定和实施知识产权管理制度。通过不断提高运用知识产权制度的能力，大幅提高企业创造、管理、实施和保护知识产权的能力与水平，以确保企业在技术发展中处于不败的地位，实现企业的可持续发展和利益最大化。

高新技术企业的知识产权管理制度，应当包括以下几个方面。

1. 专利管理制度

在企业专利管理制度中，应当对企业的专利管理机构、员工管理、专利申请、专利维护与利用、专利转让、专利信息的收集与服务、技术资料档案管理、发明人的奖酬以及专利战略规划等内容予以规定。

2. 商标管理制度

在企业商标管理制度中，应当对商标及包装设计、商标注册、商标标识印制和发放、商标使用、商标标识与档案管理、商标资产运营、商标权维护等内容作出规定。

3. 著作权管理制度

在企业著作权管理制度中，应当对创作过程中档案材料的存档和管理、著作权登记、技术保护措施的采用与实施、权利管理信息的添加和完善、委托作品和职务作品权利归属的处理、作品的开发与利用以及是否加入特定著作权管理组织等内容作出相应的规定。

4. 商业秘密管理制度

为了使商业秘密的认定、保管、使用和保护规范化、制度化，应当制定一套适合本企业的商业秘密管理制度，使其成为企业全体员工都必须共同遵守的制度和准则。企业商业秘密管理制度的建立，一方面，可以理顺企业商业秘密管理的相关问题；另一方面，可以提高员工的商业秘密保护意识。商业秘密管理制度可分为两个级别：第一级为企业级制度，对企业的商业秘密保护提出总体要求、原则及责任划分；第二级为部门级制度，由各职能部门结合本部门实际情况制定出具体的实施制度。企业两级商业秘密管理制度应对包括商业秘密管理机构和人员、商业秘密认定、商业秘密接触和使用制度、具体的保密措施以及责任等方面作出相应的规定。

5. 与知识产权有关的合同管理制度

高新技术企业进行研究开发和创作，进而取得相应的知识产权，其目的在于以此获取在市场中竞争的优势，并获取最大化利益。高新技术企业在知识产权的开发、利用中不可避免地要与他人（包括外部的业务伙伴或第三人以及企业内部的员工）发生各种关系，若不能很好地处理这些关系将不利于其知识产权事务的管理。要处理好这些关系，高新技术企业必须制定一套与知识产权相关的合同管理制度，以更好地管理企业的知识产权事务。具体而言，这些合同制度包括以下内容。

（1）企业员工合同管理制度。除要对企业员工进行劳动合同管理之外，还应与涉及知识产权事务的员工签订专门的合同，对职务作品、发明或技术等方面的知识产权归属、员工的保密义务、相关人员的竞业禁止义务以及员工的奖惩制度等内容作出规定，使其行为符合企业知识产权管理的需要。

（2）许可使用中的合同管理制度。在许可他人使用企业的作品、专利、商标或者商业秘密时，应当签订书面许可使用合同，对许可使用的权利种类，许可使用的方式、地域范围和期间，许可使用的报酬及支付方法，被许可方的保密义务以及对方的违约责任等事项予以约定。

（3）转让知识产权的合同管理制度。高新技术企业在向他人转让知识产权时，应当订立较为完善的合同，明确约定双方的权利义务，以免发生纠纷，并在发生纠纷时尽量保护自己的利益。

（4）进行对外贸易时的合同管理制度。企业在进行对外贸易时，若该贸易涉及知识产权，应当注意在合同中签订专门的知识产权条款或者专门订立与知识产权相关的合同，以保护自己的利益，特别是涉及企业的商业秘密时，更是如此。

6. 知识产权管理人员培训制度

高新技术企业要对知识产权事务进行有效的管理，就必须拥有与其相适应的管理人员。企业应当对知识产权管理人员进行培训，使其具有较高的知识产权意识和知识产权管理能力。美国、日本等发达国家的许多企业大都对企业知识产权管理人员的培训作出专门规定。例如，在日本，知识产权教育有两层含义，一是针对全体新员工或不同层次员工设立的有关知识产权法律知识的课程教育，二是针对知识产权本部门人员的培训。其中，对知识产权本部门人员的培训课程内容包括商标、著作权、技术契约、案例研究、专利信息、专利申请文件的撰写及专利管理等，并创造条件让员工通过专利代理师资格考试或选派人员去欧美专利事务所进行轮训和研习。❶ 因此，企业

---

❶ 于涛.国外企业的知识产权管理模式分析［J］.电子知识产权，2003（6）.

应当根据自己的情况，制定相应的知识产权管理人员培训制度。

7. 与知识产权有关的奖励制度

高新技术企业要研究开发出更多更好的技术、产品、软件或者创作出更多的作品，并以此在市场竞争中赢得先机、获取利润，必须具有足够的激励机制和激励因素，使企业的研究开发人员或创作人员有足够的动力进行研究开发或创作。因此，企业应当制定与知识产权有关的奖励制度。这里的"奖励"既包括精神上的奖励，也包括物质上的奖励，而且可以采取多种形式。

8. 研发项目知识产权管理制度

高新技术企业应当建立研发项目知识产权管理制度，对研发项目进行有效的管理。具体而言，包括以下内容。

（1）在决定研究开发立项前，应检索相关的信息，要在专利技术信息及其他知识产权信息检索的基础上，进行项目的知识产权状况分析，提出项目完成后的知识产权目标。

（2）在项目的研发过程中，应注意相关领域知识产权的发展动态，及时调整研究策略和措施，以保证研发项目的价值和有效性。

（3）应对研发的成果进行知识产权分析评价，并制定相应的利用、保护措施。

（4）明确研发中各有关人员的权利义务及责任，建立有效的激励机制和约束机制。

第三章 国外企业知识产权管理经验做法及启示

随着知识经济的发展和经济全球化进程的不断加快，知识产权的地位和作用日益凸显，国内企业对知识产权管理越发关切和重视。借鉴国外企业知识产权管理工作的成功经验，是我国高新技术企业迎接新挑战，促进技术创新能力的提高和经济结构的调整与升级的需要。本章重点介绍国外跨国公司知识产权管理的做法，希望能给国内高新技术企业知识产权管理工作提供一些借鉴和启示。

一、美国企业知识产权管理——以美国 IBM 公司为例

美国是世界上实行知识产权制度最早的国家之一，也是实施知识产权制度最为成功的国家之一。多年来，美国利用其长期积累的科技成果、完善的知识产权保护法律体系、严格的保护和救济程序，不断巩固和加强知识产权优势，使知识产权制度在保持其全球经济领先地位方面作出了重要贡献。特别是

20 世纪 80 年代以来，美国全面加强了对本国企业知识产权的保护，鼓励企业通过创造和利用知识产权，形成市场竞争优势。知识产权保护的加强促进了美国高新技术企业和跨国知识产权贸易的迅速发展，以专利为核心的知识产权已经成为美国企业最重要的资产和国际竞争的战略手段。以此为基础，美国企业通过成功的知识产权战略管理，最大限度地创造和发挥知识产权资源优势，在国际市场竞争中取得巨大优势和丰厚回报。目前，在世界 100 家申请专利最多的企业和 100 个品牌价值最高的企业中，美国企业都占到半数以上。❶

美国联邦的知识产权管理机构，按功能分为两类。一类是行政主管机关，如美国专利商标局，主管专利与商标业务。该局下设两大部门，一是专利、商标审查登记部门；二是专利、商标文件部门。前者主管专利、商标计划控制及审查、登记，后者主管有关文件分类、技术评估及预测等。美国国会图书馆的著作权局主管著作权业务，虽然著作权的取得并非以登记为条件，但实际上各部门的著作权都在著作权局登记。另一类是特别设立的与科技法律有关的机构。美国国会为了研究科技政策、草拟科技立法、修正与知识产权有关的法案、收集最新的科技资讯等目的而设立了相应的机构，如国会研究服务署、会计署、科技评估室、国会预算室等。

美国企业普遍把知识产权作为企业发展战略的核心和市场竞争的重要手段，知识产权管理在企业经营管理中具有重要地

---

❶ 包海波.美国企业知识产权管理的构成及其特征分析 [J].科技管理研究，2004（2）：106.

位。为了竞争，美国企业界越来越重视对各种智力劳动成果给予知识产权保护，并通过执法维护其商业利益，获得企业市场竞争力。一批具有国际市场竞争力的企业，不断要求美国政府强化对美国企业最具竞争实力的智力劳动成果的知识产权保护力度和保护范围，以保护美国企业在世界范围内的竞争优势。如美国近年来对计算机软件、商业方法、基因工程实施的知识产权及专利保护政策就是最好的说明。美国多数企业中，知识产权保护与管理是企业经营管理活动中的重要环节，知识产权管理部门在企业经营管理中，从管理体系的定位到管理部门的设置、人员的配备及实际职能，都具有重要地位，决策层非常重视知识产权保护工作。企业把专利战略作为企业发展战略和竞争战略的核心，作为参与国际竞争的有力武器。美国企业在高度重视研究开发的同时，不仅高度重视专利权的获取，而且特别重视海外专利权的获取。许多企业目前已经不只是为已经研究开发的技术申请专利，而且利用专利手段在新技术领域进行圈地运动，以形成大批所谓战略性专利，建立以专利为基础的垄断格局。美国企业不仅重视国内专利权的保护，而且十分重视其专利权在国外的保护问题。

美国国际商业机器公司（International Business Machines Corporation，IBM），1911 年创立于美国，是全球最大的信息技术和业务解决方案公司，业务遍及 160 多个国家和地区。2020 年，IBM 公司的全球营业收入达到 736 亿美元。❶ 2020

---

❶ IBM 发布 2020 第四季度和全年业绩报告 [EB/OL]．[2021-01-22]．http：baijiahao.baidu.com/s？id=1689563231065078730&wfr=pc．

年 IBM 公司再次荣获美国专利排行榜首位，同时这也是 IBM 公司第 28 次获此殊荣。IBM 公司非常注重对技术研发的投入，对于知识产权的管理及其相关策略更是相当有系统。

（一）集中统一的知识产权管理

IBM 公司设有知识产权管理总部，负责 IBM 公司所有的知识产权管理事务。知识产权管理总部内设两大部：法务部和专利部。法务部负责相关法律事务，专利部负责专利事务。专利部下设五个技术领域，每一个领域由一名专利律师担任专利经理。IBM 公司的知识产权管理总部管辖世界各地子公司的知识产权管理部门，各子公司的知识产权管理部门除依隶属关系向主管作业务报告外，也受公司知识产权管理总部极强的功能性指导，依公司知识产权管理总部的统一政策来运作。

IBM 公司实行知识产权的集中管理制：总公司与子公司签有综合技术协助协议，总公司将研究开发费用预付给子公司，总公司及其子公司开发部门的员工所完成的发明、著作及其他成果的知识产权均归属总公司所有，由总公司知识产权管理总部统筹管理。总公司集中管理这些知识产权，并授权各子公司使用，因此，各子公司也能使用其他子公司的知识产权。当子公司涉及知识产权纠纷时，总公司出资协助子公司维护知识产权利益。同时，各员工和公司之间要签署一份有关信息、发明及著作物的同意书，其中规定，只要他是从 IBM 公司内部取得若干机密信息或是从以前员工完成的发明、著作等创作物中撷取若干信息来完成 IBM 公司的有关研究开发项目的成果，以及其因执行职务或为公司业务而产生的成果，都应该将这些成果的知识产权移转给公司。这样，全公司的知识产权管理可以按照统一的知识产权战略进行运作，最大限度地保护公司的整体利益。

（二）知识产权管理部门的职责

IBM 公司的知识产权管理部门的职责范围是处理一切有关 IBM 公司业务的知识产权事务，如专利、商标、著作权、集成电路布图设计、商业秘密及其他知识产权管理事务。其具体内容主要包括以下几方面。

（1）申请专利。一般来说，有关专利的申请，都是由知识产权管理部门的专利律师以及专利代理人提出，发明人只要简单地以书面或口头方式向专利律师说明其发明即可。

（2）寻找合适的发明。知识产权管理部门常常与研究开发部门的经理人员、技术人员等密切合作，一方面向其灌输知识产权的观念，另一方面从中发掘优良的发明。

（3）授权契约的谈判。IBM 公司在调查其有关产品的知识产权时，同时也监视别人的产品有无侵害 IBM 公司的知识产权，然后再促成他人与之订立授权契约。因此，拟定授权契约的谈判策略也是知识产权管理部门的重要使命之一。

（4）有关知识产权条款审核。IBM 公司与其他公司所签订的开发契约、买卖契约、委托制造契约、合并契约等有关知识产权的条款（如知识产权的归属、机密信息的取得等）由知识产权管理部门负责审核。

（三）有效发明创造的激励机制

IBM 公司为激励公司员工进行发明创造，设立了累积计分制的奖励方法，即对申请专利的发明人给予计分，1 项专利为3 点，同时可获 1200 美元奖励；点数累计达 12 点，再加 1200 美元奖励。发明人若是第一次申请即获得专利，即可获首次申请奖，奖金为 1500 美元。此外，公司每年举办一次盛大的科技发明奖颁奖仪式，100 名获奖员工将分享 300 万美元的奖金。IBM 公司总裁亲自颁奖，在精神和物质上鼓励发明者。仪式后，发明者可以度假 3~4 天，费用全部由公司承担。❶

（四）知识产权信息和管理战略的网络系统化

IBM 公司建立了知识产权网络系统（IPN），进行知识产权信息和战略管理。知识产权网络系统的不断成熟和规模的扩大，使 IBM 公司在 2005 年 5 月与网络投资公司（ICG）合作成立了新的 DELPHION 公司。DELPHION 咨询机构的调查报告显示，一个企业内部的信息和知识，仅有 12% 在需要时可以很容易获取；46% 的信息则以纸张和电子文件的形式存在，虽然在理论上很容易实现共享，但由于数据格式不兼容，或纸张文件和电子文件转换困难，难以做到真正的信息交流；此外

---

❶ 张瑶.国外企业的知识产权管理战略 ［J］. 中外企业家，2004
（6）：78.

剩余的 42% 的信息则存在于员工的大脑中。❶ IBM 公司正是基于这个原因才建立了知识产权网络系统，以加强知识产权信息管理。目前，当 IBM 公司的研发人员或普通员工有了创新构思或研究成果时，他们就可以及时通过知识产权网络系统将它们报告给公司。公司的专门委员会通过评估，决定如何实施知识产权保护。这样，IBM 公司就可以实现对创新信息及时、有效的知识产权管理。

目前，DELPHION 公司可以为 IBM 公司和其他公司提供以专利为主的知识产权信息检索、考察、分析、跟踪等各种服务。通过 DELPHION 可检索到包括美国专利申请、美国专利许可、欧洲专利申请、欧洲专利许可、日本专利索引和世界知识产权组织 PCT 出版物等大量的专利信息情报。与此同时，还为 IBM 公司提供知识产权战略的系统智能分析，帮助 IBM 公司把从发明的提出到实现专利申请的管理过程缩短到 3 个月（一般企业为 1 年），使专利实施率达到 30%（一般企业为 20%）。DELPHION 公司的智能系统不仅帮助 IBM 公司实现了高效率的知识产权管理，而且通过为其他企业提供知识产权资产经营的策略咨询和管理软件获得大量收入。

（五）商业秘密保护与管理

IBM 公司将商业秘密分为四个等级来管理，也就是依该机

---

❶　张瑶.浅谈国外企业的知识产权管理战略［J］，现代情报，2004（6）：175-176.

密与 IBM 公司业务的关系、与 IBM 公司业务的施政方针的关系、有关业界竞争的影响度、是否为 IBM 公司产品技术上及收益上成功的关键等因素，将其依重要程度高低依次分为绝密、限阅、机密、仅内部使用四种。然后再依其等级，决定其复印、对外公开、对内公开、废弃、保管、资料传送时的处理规定。例如，对外公开时，前三类的资料必须得到特定人员的同意；复印资料时，前二类的资料只有原制作单位才能复印；传送资料时，前二类的资料必须转成密码才可传送。为了彻底实施公司的规定，公司内部也设有自我检查制度，随时实施内部检查并指导员工养成自我管理的习惯。接受他人的商业秘密资料也要得到特定人员的同意。至于接受商业秘密资料的有关条件，则必须得到知识产权管理部门同意。另外，未被指定为商业秘密者，以及未限定保密期间者，如有碍于 IBM 公司的开发及销售，IBM 公司都会再加批示修改。

二、日本企业知识产权管理

日本政府高度重视知识产权。2002 年 2 月 4 日，时任日本首相小泉纯一郎在施政方针演说中提出了知识产权战略的政策，2002 年 7 月 3 日，日本政府制定了《日本知识产权战略大纲》，其主要内容是：（1）推进知识产权的创造；（2）加强知识产权的保护；（3）促进知识产权的应用；（4）充实人才基础。2002 年 11 月 27 日，《日本知识产权基本法》颁布，确立关于知识产权创造周期（创造、保护、应用）活力的国家理念。2003 年 3 月 1 日，成立了以首相小泉纯一郎为部长的知识产权战略本部。2002 年 7 月 8 日制定了关于促进知识产权的创造、保护及应用的计划共 270 项。2004 年制定了国家实施知识产权立国战略的措施，2002 年 5 月 27 日颁布了知识产权推进计划共 404 项。与此同时，知识产权的有关法律也进行了修订。2004 年 5 月 17 日，制定了后五大知识产权的政策：（1）大幅度提高发明专利研究开发效率；（2）推动世界发明专利制度的实现和反假冒产品对策的国际合作；（3）推动知识产权活跃区域经济的发展；（4）消除知识产权鸿沟（大企业和中小企业在知识产权战略领域的差距）；（5）实施促进个性竞争的知识产权政策（品牌的确立和造型设计的战略应用）。❶

日本企业普遍非常重视知识产权的管理，知识产权保护意识非常强，尤其是一些驰名的大公司，在企业内部都设立了知识产权管理部门，以不同的管理方式对知识产权进行管理。日本企业已经形成了以专利文化为基础，融技术发展战略、信息战略、组织管理战略、知识资产经营战略、国际化发展战略、诉讼和风险管理战略于一体的综合动态的知识产权战略管理体系。

（一）企业知识产权管理部门

日本企业的知识产权管理部门一般直属总公司经理管辖，

---

❶ 王继连.日本知识产权管理略览［J］.中华商标，2005（4）：46-47.

知识产权管理部与技术部、经营部共同组成企业的核心。三菱公司设有知识产权总部，下设专利部、涉外知识产权部和策划处三个部门。专利部与研究发展部门关系密切，负责协助研究人员和技术人员取得知识产权，保护公司权利、防止本公司侵害他人权利，并设立驻外人员，负责驻在地的专利申请与诉讼事宜；策划处负责制定公司内部与知识产权相关规定、监督知识产权的管理实施，以及分公司关于企业间知识产权的支援等事宜；涉外部负责公司知识产权的运用、对外交涉、诉讼与侵害协调的工作。富士通公司由专利总部管理知识产权工作，下设5个部门：专利管理部、专利业务部、专利第一部、专利第二部和技术调查部，并在各事业本部下设专利推进部，由事业本部中的资深人员担任部长，负责专利的策划与推进工作。东芝公司的组织机构东芝公司知识产权管理部门是由知识产权本部和4个研究所、11个事业本部，及在各研究所和各事业部下属分别设置专利部、科、组共同构成。本部内设7个部门，分别是：策划部，负责推动全公司的中长期知识产权策略，管理知识产权行政事宜；技术法务部，负责处理知识产权诉讼事宜；软件保护部，负责软件著作权的登记、运用、补偿事宜；专利第一部和第二部，负责统筹管理技术契约工作；专利申请部，集中管理国内外专利申请事宜；设计商标部，负责设计和商标的申请、登记；专利信息中心，负责管理专利信息，建立电子申请系统。各研究所和各事业部配置知识产权部，直接隶属于负责技术工作的副所长或总工程师，主要担负该研究所、事业本部的知识产权行政事务，并负责从产品研究开发初期的专利发掘、专利调查、制作专利关系图到国内外专利的申请等所有业务。佳能公司设有知识产权法务部，按行列管理分为产品类及技术类，产品类设有 4 个部门：知识产权法务策划部、知识产权法务管理部、专利业务部、专利信息部；技术类设 7 个专利部门是以技术分类管理专利。

（二）企业重视专利信息工作

日立公司的知识产权本部把专利情报管理工作列位首要任务。佳能公司负责知识产权管理工作的 11 个部门，专利信息部是其中之一。东芝公司知识产权本部中设有专利信息中心；三菱公司随着知识产权总部的发展，将原属于专利部管辖的专利情报中心从专利部中分离出来，成为独立的公司。

（三）企业重视知识产权归属管理

三菱公司、日立公司、富士通公司等均采用签约或制定社规的办法，将知识产权归公司所有。日本公司制定的社规将知识产权归公司所有，即便是离任后一年内的发明也应通告给公司，由公司决定产权的归属。如日立公司的社规规定，员工的职务发明和职务外发明，权利均归本公司所有，业务外发明也必须向公司报告，根据需要决定要与否。若员工在岗位期间完成职务发明，而在离职后一年内取得专利权，也应通知公司，由公司决定是否使用该专利。三菱公司与富士通公司均要求员工将发明转让给公司。如三菱公司规定，员工作出的职务发明，其专利权一律归公司所有，职务外发明和业务外发明根据公司需要与员工协调让渡。富士通公司则要求员工,凡是从事与公司业务有关的发明或者研究计划时,产生的发明、与研究有关的专利或实用新型等权利,均应让渡给公司管辖。

(四) 企业重视建立对发明人的激励机制

企业依据发明人的成果,产生出相应的累积计分制、等级奖励制以及各种各样的表彰制度。日本企业一般均设有第一次申请奖、发明申请奖、申请补偿奖、特别功劳奖等奖项。各公司针对本企业情况又制定出相应的规章制度。如三菱公司、日立公司实行奖励直到权项的终止;富士通公司、东芝公司实行等级奖励制,富士通公司分为 7 个等级,东芝公司分为 5 个等级。❶

(五) 企业重视知识产权的教育及培训

在日本,知识产权教育有两层含义,一是针对全体新员工或不同层次员工设立的有关知识产权法律知识的课程教育。二是针对知识产权本部门人员的培训。第一层次教育的课程包括专利知识入门教育、专利说明书写作知识等,如日立公司、三菱公司;富士通公司则针对公司各部门的主管人员进行知识产权管理教育,以便了解专利的理念及重要性。在进行知识产权教育过程中,知识产权管理部门起着重要的作用。第二层次教

---

❶ 石磨.国外企业的知识产权管理模式分析 [EB/OL]. [2021-12-19]. https://www.renrendoc.com/paper/176757100.html.

育的课程内容包括商标、著作权、技术契约、案例研究、专利情报、专利的写作及专利管理等；并创造条件让员工通过专利代理人资格考试或选派人员去欧美专利事务所进行轮训和研习。

（六）企业专利分级管理策略

日立公司建立起一套筛选战略性专利的分级管理策略，并为战略性专利的技术方案准备翔实的申请文件，优先执行海外申请的审查。为了选出战略性的专利，日立将专利申请从 E 到 A 分为五个级别。E 级（推迟申请专利），这类专利是一些容易被其他公司规避的技术。而且与现有技术相比区别不大。因而，即使这些技术可以申请专利，但由于其不是很重要，因而企业中关于这种专利的申请程序往往会搁置。这类专利申请在日立大致也有几千件。D 级（公共专利），这类专利技术具有市场前景且有利可图，而对于竞争对手来说也具有一定的规避难度。尽管对于公司自身来说获得权利不是十分迫切，但需要这类专利阻碍其他竞争对手实施此项技术。因而对于这类专利也需要积极地进行申请。C 级（一般专利）这类专利所涉及的技术是相对其他竞争对手具有领先特性，同时也是其他公司必然使用不能轻易规避的技术。日立公司认为，对于这类专利技术应积极地去申请专利。B 级（基础专利），这类专利是一类比较重要的专利。这一类专利一旦获得授权，对于其他公司来说比较难于规避。同时，这些发明都是在研发计划中受青睐的技术，且具有明确的应用潜力。对于这些专利也应优先申请。A 级（战略性专利），这类专利指的是那些基础的、必要的发明，原则上在将来的技术和产品上不容易被规避。同时，应该是处于前沿领域的技术和发明，而且应该在技术上能够实施。而且，这些发明应该在较广泛的范围内可靠的应用，这些发明是日立公司计划作为主要研究项目的一部分而被采用的技术。因此，这些发明会被给予最高的优先级进入申请程序。日立公司还进一步将定为 A 级的战略性专利划分为黄金、白银、青铜三个细分等级。黄金专利是指所涉及的技术指的是其他竞争对手无法回避、一定会用到的核心技术，主要包括本企业的核心技术或基础技术。白银专利是指所涉及的技术指的是那些属于非核心技术，但企业本身以及其他对竞争对手会用到的改良专利，主要涉及企业自身的非核心技术，经过改良后但仍在使用的技术。青铜专利所涉及的技术一般是企业非核心的技术，且企业本身已不再使用，但其他企业有可能会用到的技术，主要包括本企业非核心的技术，而且已不使用或不重要的技术。❶ 专利分级管理，使公司资源应用得当，做好规划，为公司赢得最大的经济效益。

三、德国企业知识产权管理

近几十年来，德国经济一直走在世界前列，其中一个重要原因是德国企业有效运用知识产权制度，不断提升和保持其强

---

❶ 李瑞丰.日立公司专利管理策略理念简析［EB/OL］.［2017-08-04］. https：//www.sohu.com/a/162364136_ 698253.

大的市场竞争能力。进入 21 世纪，面对知识经济时代的到来，德国政府更加致力于推进知识产权工作。宏观层面，在以企业为轴心的基础上，形成了较为成熟的"企业主体、国家支持、员工努力"三位一体的知识产权战略管理和法律保护体系，积极实施了以企业为主体、以专利为重点的知识产权战略，打造了德国奔驰、宝马、西门子、拜耳、巴斯夫等一大批世界顶级的跨国公司。微观层面，德国大型企业建立了符合各自特点的知识产权管理组织体制和制度，知识产权战略融入企业发展战略之中。

（一）国家对企业知识产权管理工作的有力支持

德国企业知识产权工作的有效开展，有赖于国家在知识产权立法、司法和行政等方面强有力的支持。

德国具有完善的知识产权法律体系，不仅包括《专利法》《外观设计法》《实用新型专利法》《商标法》《著作权法》以及《雇员发明法》等，而且包括欧盟有关知识产权的规定、世界知识产权组织和世界贸易组织有关知识产权的主要条约和协议。德国十分注重根据本国的经济社会发展需求和企业特点制定和调整相关法律。他们善于针对本国的强势领域加强知识产权保护，同时不急于对弱势领域给予知识产权保护。例如，德国拥有世界一流的制药工业，于是他们实施了对药品的专利保护期限在 20 年基础上延长 5 年的规定；而考虑到本国软件业和商业方法上与美国的差距，他们不盲从美国。

德国知识产权司法制度努力谋求对企业知识产权保护的最大化、高效化和便利化。其专利诉讼制度突出体现了德国知识产权司法制度的高效性。一是专利无效诉讼和专利侵权诉讼由不同法院分别审理。专利无效诉讼由专门设在慕尼黑的联邦专利法院审理，而专利侵权诉讼由德国 12 个州法院负责审理。二是当被告向联邦专利法院提起专利无效诉讼后，州法院的专利侵权诉讼并不当然中止。无效申请不能作为侵权案件被告的抗辩理由。三是专利侵权诉讼与侵权赔偿诉讼分开。各州法院对专利侵权进行判决后，如果构成侵权，则具体赔偿数额由原被告双方协商解决，协商不成的，当事人应就侵权赔偿数额另案起诉。德国专利诉讼的上述特点提高了审判效率，使专利诉讼耗时短，费用相对低廉，为企业维护专利权、及时有效制止侵权行为提供了重要的司法保障。

德国政府对德国企业技术创新和知识产权工作的支持首先体现在重视资金投入上。德国是每年在科学研究和科技发明创新上投入比例最高的国家之一。这其中由政府直接投入的占1/3，主要是对大学、政府科研机构、国家实验室以及企业重大共性技术、前沿技术的发展予以支持。德国 JULICH 研究中心是由联邦政府投资 90% 和北威州政府投资 10% 共同设立的有限责任公司，政府每年拨付该中心的预算达上亿欧元。CAESAR 欧洲研究中心是在 1991 年东西德统一迁都柏林时，为了保证波恩的经济发展，利用国家专项基金设立的财团法人研究机构，基金资本达 3.83 亿欧元，政府每年还给予巨额资金支持。❶ 同时，德国政府还建立了鼓励发明人设立公司、促进知识产权成果产业化的一系列制度。如 CAESAR 欧洲研究中心通过"新技术"孵化器制度，鼓励引导发明人设立公司实施专利技术，该中心为发明人提供公司法律事务服务，负责组织专利出资入股谈判、专利评估作价，联络风险投资，提供公司管理人员和经理人员，甚至为新公司提供实验室、设备出租服务。德国的科研组织机构都有专门的实验室管理、财务管理、法律事务律师或专利事务律师，主要工作就是为发明人和研究机构提供服务。

此外，德国政府为鼓励企业和研究机构进行技术创新，在税收方面也给予了很多优惠政策。例如，CAESAR 欧洲研究中心得到地方财政的优惠，其利润不用交税，得到企业的赞助也不用交税。

（二）德国企业知识产权管理的特点和趋势

1. 德国企业知识产权管理组织体系

德国企业知识产权组织体系主要有三种模式。第一种模式是由企业法律部管理知识产权。这一模式的典型代表是德国拜耳公司。拜耳公司是德国最大的化工企业之一，其内部设立了知识产权管理机构，隶属于公司法律部，向法律部报告工作。

---

❶　国资委政策法规局.德国企业知识产权战略管理和法律保护的现状与启示——企业知识产权战略管理和法律保护赴德培训考察报告 [EB/OL]. [2006 - 07 - 24]. http：//www. hncq. cn/new/News/Show. asp? id = 297&page.

第二种模式是由公司研发部门负责管理知识产权。这一模式的典型代表是先正达公司。先正达公司是以销售农药和种子为主的欧洲著名跨国公司，其知识产权部隶属于公司研发部，共有73名工作人员，其中13人负责商标事务，60人负责专利事务。● 第三种模式是由公司法律部和研发部共同管理知识产权。这一模式的典型代表是德国汉高公司。汉高公司知识产权管理工作主要集中在公司总部，公司设有商标域名部和专利部，其中商标域名部隶属公司法律部，专利部隶属公司研发部。因为美国专利法律的特殊性，汉高公司在美国公司设有专利部，直接向德国总部的专利部汇报工作。

德国企业知识产权组织体系的三种模式虽然各具特色，但总体来说呈现出两个共同趋势和特点。第一，知识产权组织体系趋于集中统一。这种集中管理的组织体系，有利于德国跨国企业的知识产权战略在世界各地得以统一实施，保证通过知识产权的优势取得有利的市场竞争地位；有利于合理利用各种资源，包括无形资产和人力资源；避免重复研发、重复注册商标，节约经费。第二，知识产权组织体系的配置注重发挥法律部门的作用。德国大企业的知识产权机构均配备有相当数量的专业法律人员；数量居多的中小型企业虽然没有专门的知识产权组织机构，也都有专门的律师提供知识产权方面的法律服务。生产、营销和研发机构十分注重在知识产权方面与企业法律部门之间的沟通和交流。

● 冯涛，杨惠玲.德国企业知识产权管理的现状与启示 [J].世界知识产权，2007（5）：91-95.

2. 德国企业围绕自身发展战略，制定了明确的知识产权战略和指导方针

德国企业并不把知识产权战略作为独立或孤立的战略去研究，而是将其作为企业整体战略的一部分加以综合系统地考虑，并根据企业所在行业的特点，确定其知识产权战略的重点。如德国奔驰的专利战略注重汽车制动系统的研发及专利申请，德国汉高公司则将知识产权战略的重点放在商标的注册和保护上。为了保证知识产权战略的有效实施，德国企业还普遍制定了明确的知识产权管理指导方针。如拜耳公司制定的知识产权管理指导方针是：积极加强知识产权的管理，以增加价值；知识产权管理要构建全球化的结构；知识产权管理的内容和方向要以全球商业战略为导向；企业知识产权要作为战略上重要的无形资产来管理；各部门间的沟通与合作是有效的知识产权管理的基础；注重高素质的知识产权专业人员的发展。

3. 德国企业注重落实知识产权管理部门的职责，并形成了内部高效的沟通渠道

德国企业知识产权管理部门的基本职责主要集中在以下几个方面：专利情报管理，创新发明的挖掘，申请专利，订立专利实施许可合同，管理专利权，商标等其他知识产权的综合管理，知识产权纠纷处理，发明奖励，知识产权教育培训，知识产权的评价管理，对外沟通交流，涉密文件的管理，知识产权风险管理等。在明确职责的基础上，德国企业内部普遍形成了高效的沟通渠道，并突出表现在：一是企业总部设有知识产权

文献数据库，实现内部数据沟通和信息共享，避免重复研究；二是知识产权管理、研发、生产、销售和法律部门之间经常沟通交流，各部门均十分重视知识产权法律制度的执行；三是企业子公司知识产权管理部门定期向总部进行业务报告或专题报告，形成制度。

4. 德国企业积极开展产、学、研的合作与互补，促进知识产权成果的应用及产业化和市场化

根据自身技术创新和发展需要，德国企业雇用高校、科研机构的研究人员作为雇员，或在高校、科研机构设立研究中心、实验室，提供科研项目和经费，进行关键领域或者核心技术的专题研发。对于科研机构已经开发并且取得专利的技术成果，企业注意多方评估，凡具有市场潜在价值的，就果断向科研机构购买专利技术或专利许可，直接用于生产应用，利用企业自身的条件，尽快将专利成果转化为现实生产力，从而在企业内部以及企业与研究机构之间形成研发和产业化的良性循环机制。

5. 德国企业具有科学的知识产权申请评估体系

德国企业对研究成果进行价值评估，以最合理的成本，选择最有效的知识产权保护策略。一项研究成果在申请专利之前，企业要先进行价值评估。根据价值大小，选择是否公开、是自用还是许可别人使用、是申请专利还是作为商业秘密加以保护。在获得专利授权后，企业则要适时评估每项专利的价值，如果有价值就每年按时缴费维持，没有价值就定期放弃。凡具有巨大价值或者涉及企业核心利益，技术公开后其他竞争

者很容易掌握而本企业又难以维权的，德国企业往往将其作为商业秘密加以严格保护；如果企业对一项发明创造难以有效保密的，则及时申请专利。

6. 德国企业重视员工教育和知识产权人才队伍的培养

每一名员工进入企业时，都必须接受知识产权方面的培训，包括知识产权法律制度，文件管理及保密规定，知识产权发明、申请、应用、维权程序和途径等。员工经过教育培训，逐步形成自觉遵守法律制度和保护企业知识产权的强烈意识。不少德国企业还注意培养专业化的知识产权人才队伍，对技术、法律人员定期进行跨学科轮训，或派员工去专利事务所、律师事务所、高校学习，积极创造条件，鼓励员工参加专利律师资格考试，以此培养企业自己的具有理工科背景、技术与法律相结合的复合型人才。

四、国外企业知识产权管理的比较分析

从对美国、日本、德国企业知识产权管理的研究可以看出，外国企业高度重视知识产权管理。

（一）发达国家对企业知识产权管理给予强有力的支持

美国、日本、德国等发达国家十分重视本国的知识产权战略，并对本国企业的知识产权管理工作给予强有力的支持。20 世纪 80 年代以来，美国全面加强了对本国企业知识产权的保护，鼓励企业通过创造和利用知识产权，形成市场竞争优势，促进了美国高新技术企业和跨国知识产权贸易的迅速发展。美国不仅重视国内知识产权的保护，也十分重视美国企业在国外的保护。日本政府高度重视知识产权，不仅出台了《日本知识产权战略大纲》，还制定了《日本知识产权基本法》，并明确提出"知识产权立国"的基本国策。德国企业知识产权工作的有效开展，有赖于国家在知识产权立法、司法和行政等方面强有力的支持。德国具有完善的知识产权法律体系，包括《专利法》《外观设计法》《实用新型专利法》《商标法》《著作权法》以及《雇员发明法》等。德国十分注重根据本国的经济社会发展需求和企业特点制定和调整相关法律。他们善于针对本国的强势领域加强知识产权保护，同时不急于对弱势领域给予知识产权保护。德国知识产权司法制度努力谋求对企业知识产权保护的最大化、高效化和便利化。德国政府对德国企业技术创新和知识产权工作的支持首先体现在重视资金投入上。德国是科学研究和科技发明创新上投入比例最高的国家之一。同时，德国政府还建立了鼓励发明人设立公司，促进知识产权成果产业化的一系列制度。德国政府为鼓励企业和研究机构的技术创新，在税收方面也给予了很多优惠政策。

（二）国外企业知识产权管理组织体系比较完善

国外企业的知识产权管理部门大多处于总公司管理层的核心位置中，与技术部门、经营部门密切联系，成为总公司的智囊部门。例如，美国的 IBM 公司设有知识产权管理总部，其职责是负责处理所有与 IBM 公司业务有关的知识产权事务，知识产权管理总部内设法务部和专利部，法务部负责相关法律事务，专利部负责专利事务。IBM 公司的知识产权管理总部管辖世界各地子公司的知识产权管理部门，各子公司的知识产权管理部门依公司知识产权管理总部的统一政策来运作。德国的拜耳公司设有专利委员会，专利委员会由生产、科研、技术应用和专利处联合组成。日本的日立公司设立知识产权本部，直接隶属社长，是社长的幕僚单位。

（三）国外企业普遍采用制度化的知识产权归属约定

在遵守国际公约、各国专利法的基础上，国外企业通常制定相应的规章制度来明确约定知识产权归属。IBM 公司通过与员工签署知识产权协议，确保员工职务成果的知识产权归公司所有；公司还拥有和集中管理来自全球各子公司的知识产权，通过再授权的方式将相关技术和商标的使用权重新提供给子公司使用，并从子公司的营业额中收取一定的知识产权使用费。很多日本公司则是通过制定社规将知识产权归公司所有。如日立公司的社规规定，员工的职务发明和职务外发明，权利均归本公司所有，业务外发明也必须向公司报告，公司根据需要决定是否保留。若员工在岗位期间完成职务发明，而在离职后一年内取得专利权，也应通知公司，由公司决定是否使用该专利。

（四）国外企业讲究专利权的运用技巧

国外企业普遍讲究专利权的运用技巧，采取了灵活多样的做法，使其专利权益得到了应有的体现。例如，IBM 公司对自己所有专利权的授权，始终坚持以同一条件公开给予任何人。IBM 公司认为，若由电脑界某公司独占其专利，将会影响行业全体的繁荣。自 20 世纪 50 年代开始，IBM 公司在公开专利授权的同时，也在进行和其他公司间的相互授权。如今全球许多企业、政府机关及其他团队等都和 IBM 公司缔结了授权契约，且多数属于相互授权的类型。又如，日本三菱公司和国内外企业交互授权的情形也很多，且专利的交互授权已经成为三菱公司对付他人指控三菱公司侵权时的利器。当三菱公司被其他公司警告专利侵权时，三菱公司经调查若认为自己确有侵害行为，即以自己所拥有的专利为谈判筹码，与对方谈交互授权。这样可减少或免除赔偿额并消除专利侵害诉讼。❶

（五）国外企业普遍重视知识产权信息工作

美国、日本、德国企业均十分重视专利信息工作。例如，美国 IBM 公司定期发表技术公报；德国拜耳公司将专利信息的调查工作做在申请专利前和产品投放市场前；日本企业更是

---

❶ 张春.国外企业如何实行知识产权管理［EB/OL］.［2005－8－20］. http：//ip.newmaker.com/art_11283.html.

将知识产权信息作为中长期技术战略计划的重要因素，日立公司的知识产权本部把专利情报管理工作列为首要任务。

（六）国外企业普遍建立了有效的激励机制

IBM 公司为激励发明创造，对申请专利的发明人进行计点。发明专利计为 3 点，刊载在公司技术公报的发明计为 1 点，点数累计达 12 点时，公司将给予 3600 美元的发明业绩奖励。此外，发明人若是第一次申请专利就被采用，还将获得 1500 美元的首次申请奖；以后申请专利获得授权，可以得到 500 美元的发明申请奖。日本企业通过设立多种奖项鼓励员工发明创造，一般设有首次申请奖、发明申请奖、申请补偿奖、特别功劳奖等奖项。只要知识产权被采用，发明人就能得到奖金，即使人已故去或已离职也能得到奖励。

（七）国外企业普遍建立了规范的知识产权教育培训体系

在日本，知识产权教育分两个层次。一是普及型，主要是面向全体新员工或不同层次员工设立的有关知识产权法律知识的课程教育，包括专利入门知识教育、专利说明书的写作知识培训、专利理念及重要性的宣讲等。在进行知识产权普及教育的过程中，知识产权管理部门起着重要作用。二是针对型，主要是针对知识产权管理部门人员的岗位培训，内容包括专利、商标、著作权、技术契约的管理，知识产权案例研究，专利情报研究等，并选派管理人员参加专利代理人资格考试或去欧美专利事务所进行轮训和研习。如日立公司对知识产权人员培训是非常重视的，经常不定期在公司内部开课，供知识产权人员进修。德国企业重视员工教育，每一名员工进入企业时，都必须接受知识产权方面的培训，逐步形成自觉遵守法律制度和保护企业知识产权的强烈意识。

五、国外企业知识产权管理对我国的启示

在长期激烈的市场竞争中，国外企业积累了丰富的科研开发及知识产权管理经验。随着中国加入 WTO，众多国内企业要在竞争日益激烈的国内、国际市场上取得优势地位，一个至关重要的问题就是要把知识产权的保护及其管理贯彻在企业的生产、贸易、经营活动的全过程之中。全球经济越来越一体化，贸易越来越自由化，我国高新技术企业要进一步走向和占领国际市场，应当学习、借鉴国外企业知识产权管理的先进经验，在知识产权这个关键点上尽快与国际惯例接轨。

（一）实施国家知识产权战略，推动高新技术企业发展

2007 年 3 月 5 日，时任国务院总理温家宝同志所作的政府工作报告中特别强调："今年要抓紧制定和实施国家知识产权战略，而企业则是国家知识产权战略实施的重要主体和基础力量。"在经济全球化不断加速和知识经济日益发展的国际环境下，企业自主创新和运用知识产权的能力和水平，首先决定

这个企业的核心竞争力，同时也在很大程度上决定着一个国家的综合竞争力。高新技术企业是最具有创新精神和活力的企业，知识产权已经成为高新技术企业参与市场竞争的利器，所以大力提高高新技术企业知识产权创造和运用能力，推动企业在创新道路上持续发展是实施国家知识产权战略的一项重要任务。

（二）加强国际合作

加入 WTO 后，某个成员若不理解国际规则，侵犯他人知识产权，WTO 将会启动统一的争端解决机制，造成的直接后果是可能遭到其他成员对本国经济和贸易的交叉报复。我国政府应当联合其他发展中国家政府，在国际公约和国际组织中力争增加有利于发展中国家及我国经济发展的知识产权内容。❶通过加强知识产权国际合作，维持中国在国际上的声誉，增强影响力，在全球知识产权保护政策中争取本国企业的最大利益。

（三）企业要对知识产权进行战略管理

知识产权的战略管理不仅是所有权的管理，还应该是知识资产和知识资本的管理。因而知识产权的战略管理必须与宏观的战略决策和企业的总体目标相结合，从而有效地保护企业的

---

❶　陈红川.高新技术企业知识产权管理研究［J］.经济前沿，2007（7）：64.

创新成果。与此同时，知识产权战略管理还是一个使专利、商标、著作权和商业秘密价值最大化的战略过程。

（四）健全企业内部知识产权管理机构和知识产权制度

知识产权管理是一项专业性很强的业务，企业应根据其自身规模、经营性质等，设立适合本行业本公司的专门知识产权管理机构，引进和培养知识产权管理专门人才。企业在利用外部法律环境保护自身知识产权的同时，也应建立和完善企业内部知识产权管理制度。

（五）企业知识产权管理机构与其他部门协调运作

任何成功的企业都不可能是某一独立部门单独运转的实体，它应该是也必然是各部门相互协调的综合体。各部门之间的合作和信息交流非常重要，从投入研发到成果问世，甚至发生知识产权纠纷，都有赖于部门之间各司其职，交流合作，形成一整条流畅的企业运营链。一方面，在研发初期，知识产权管理部门就要对技术人员提出知识产权保护的法律要求，让他们注意哪些领域可以获得知识产权，技术人员也要向知识产权部门提供技术背景及来源。企业进行知识产权转让交易时，知识产权部门与研发人员应共同讨论转让方式和费用问题。研发部门与知识产权管理部门保持密切联系，不仅有利于对研究成果的及时保护，而且通过知识产权部门对知识产权文献等情报的分析，可以指导研发部门的工作，节省研发时间和费用。另一方面，市场部门应及时将产品的市场状况、产品的销售情况、产品的侵权和被侵权情况反馈给知识产权部门，以便知识产权管理部门对知识产权战略进行及时有效的调整，再指导研发工作的开展。

（六）全面加强知识产权信息管理工作

知识产权信息是高新技术企业参与市场竞争的重要资源，高新技术企业大力开展知识产权信息管理工作，有效利用知识产权信息，及时把握国内外市场及竞争对手的动态，有利于提高企业自主创新能力，从而提高核心竞争力。我国高新技术企业要结合自身实际情况，借鉴国外的先进经验，有效开展知识产权信息管理工作。

第四章 我国高新技术企业知识产权管理现状与存在的问题

知识产权是高新技术企业的命脉，通过科学有效的知识产权管理，高新技术企业可以提高自身的创新能力、保持竞争力。改革开放 40 多年来，我国很多高新技术企业在知识产权管理方面积累了较好的经验，取得了显著的成果，企业拥有知识产权的数量增长很快，质量也不断提高。但是总体来看，我国高新技术企业知识产权管理能力还很薄弱，同国外一些竞争能力很强的企业相比有明显的差距。

一、我国高新技术企业知识产权管理的现状及案例分析

（一）我国高新技术企业知识产权管理现状

目前，我国已形成了包括专利权、著作权、商标权、商业秘密权、植物新品种权、集成电路布图设计权在内的知识

产权法律体系，成为我国社会主义市场经济体系和国家技术创新体系的重要组成部分，在推动经济发展、科技进步和促进国际经济合作方面发挥着越来越重要的作用。知识产权制度的逐步完善，为企业提供了稳定的外部环境，奠定了良好的发展基础。

我国已经开始实施国家知识产权战略，全社会的知识产权意识明显增强，多层面的知识产权管理和保护体系逐步形成，专利的申请量、授权量以及专利申请的质量也有大幅度的提高。我国企业的知识产权管理工作不断出现新的突破，以企业为主体的知识产权管理工作快速有序地发展，企业创造和运用知识产权的水平和能力不断提高。

虽然我国企业知识产权管理取得了可喜的进步，部分企业相继建立了相对较完善的知识产权管理系统，但是重视知识产权管理并取得显著成效的企业还很有限，而且基本上都是大型企业，仍有许多中小企业没有建立知识产权管理系统。发达国家的跨国公司在国际知识产权的发展过程中起着主导作用，发达国家的知识产权战略也都十分注重维护其跨国公司在国内外的利益，而跨国公司也是实施知识产权战略的高手，在知识产权的创造、经营与管理方面都有非常成熟的做法和经验，很值得我国企业学习与借鉴。在竞争如此激烈的国际环境中，我们应当从实际出发，比较外国企业先进的知识产权管理，找出我国高新技术企业知识产权管理存在的问题和不足，认清我们所面临的严峻形势和紧迫压力，努力寻找解决问题的方法。

（二）我国高新技术企业知识产权管理案例分析

在本章中，笔者以海尔集团为例，分析我国高新技术企业的知识管理状况。

海尔集团是全球领先的美好生活解决方案服务商，2018年至2020年连续3年作为全球唯一物联网生态品牌蝉联 BrandZ 全球百强，2013年至2020年连续12年稳居欧睿国际世界家电第一品牌，旗下子公司海尔智家位列《财富》世界500强。海尔集团拥有海尔 Haier、卡萨帝 Casarte、Leader、GE Appliances、Fisher & Paykel、AQUA、Candy 等七大全球化高端品牌和全球首个场景品牌"三翼鸟 THREE-WINGED BIRD"，构建了全球引领的工业互联网平台卡奥斯 COSMOPlat，成功孵化5家独角兽企业和37家瞪羚企业，在全球布局了"10+N"创新生态体系、28个工业园、122个制造中心和24万个销售网络，深入全球160多个国家和地区，服务全球10多亿用户家庭。海尔集团十分重视知识产权管理工作，形成了具有特色的知识产权管理模式，建立了融知识产权信息搜集、追踪、分析、评价、管理、纠纷处理一体化的知识产权管理工作体系，其知识产权管理工作在公司发展中发挥了重要作用。"没有知识产权保护就谈不上参与市场竞争"的观点已被所有海尔集团的管理人员所接受，并自觉地运用到实际工作中。截至2020年年底，海尔累计全球专利申请6万余项，其中发明专利3.8万余项，国外发明专利1.2万余项。截

至 2020 年 3 月底，海尔已参与 74 项国际标准制定和修订以及累计 560 项国家和行业标准制定和修订。❶

1. 超前的知识产权意识

创新是民族工业的灵魂，也是企业兴旺发达的不竭动力。面对同行业众多的国内外竞争对手，只有运用新技术，才能创造大市场，而要保证新技术成果的最大收益，很重要的一点就是加强对知识产权的保护。海尔集团的决策者首先意识到这一点。1987 年，企业第一项独立开发研制的产品问世，企业领导者随即指示技术部门申报专利，并记录在企业的创业历史记录中。1992 年，中美知识产权谈判刚达成谅解备忘录，集团总裁便决定在企业内设立知识产权办公室，专门负责企业的商标、专利工作，这是与国际化大企业组织体系接轨的重要一步。在日常的一些与专利相关的报告中，集团领导均作出特别批示，明确专利工作的开展思路及方向，并在相关软、硬件配备方面大力支持，使执行人员得以顺利地完成专利工作。

在海尔，有关重大的知识产权规划、发展策略均由集团副总裁负责。集团总裁对专利工作提出的要求是：新产品立项前必须进行专利分析论证，而且专利的申请保护必须在产品实际生产前抢先进行，这已成为企业专利工作者的工作准则。

---

❶ 海尔公司简介 ［EB/OL］．［2021 - 09 - 10］．https：//www.haier.com/press-events/news/20210428_159826.shtml.

2. 专利信息为企业发展导航

（1）完善的专利信息服务平台。

早在 1992 年，海尔集团就建立了冰箱专利检索数据库，收录了全球所有的关于冰箱领域的专利文献，这在国内企业中是很少见的；20 世纪 90 年代末，海尔集团和青岛专利服务中心合作，定期为研发人员提供最新的家电领域专利公报；21 世纪伊始，海尔适时而动，建立了适合本企业使用的中外专利数据库系统，该系统拥有多项检索入口，能够实现全文检索，成功地解决了异构数据库的同一平台操作问题，可满足集团局域网内多个终端同时检索使用。另外，该系统同时收录了相关国外专利文摘的扉页附图，具有专利采集、检索、分析、信息应用等功能，帮助技术人员充分利用专利技术信息，跟踪竞争对手，分析行业导向，缩短产品开发周期，提高产品的开发起点及核心竞争力。

通过跟踪、借鉴世界上最先进的科技成果，利用国内外文献为引进技术、产品开发、海外建厂等项目提供创新方向，提高了集团的整体竞争力。例如，开发"鲜风宝"空调项目时，海尔跟踪、调取多年来空调专利文献库，对相似技术进行排查，并委托专利代理律师，对排查出的多项相关技术内容逐一进行侵权检索分析。在确定不会构成侵权的情况下，才投入产品开发，使技术应用水平有很大的提高。

（2）科学的专利信息培训平台。

海尔知识产权管理部门制定了企业内部完善的专利信息分析利用工作流程，针对各类新产品不同的开发模式，总结了具体的、可操作性强的专利信息利用和规避侵权的方法，指导技术开发人员实践。通过分门别类螺旋上升式的培训，使技术开发人员在产品开发过程中养成利用专利信息的习惯，大量节省了开发时间及费用。

现在，开发人员着手开发某个产品或技术之前，都会主动检索，而集团建立的检索系统无须通过外网就可直接登录到检索系统，进行国内外文献检索，不出国门就能了解到世界最新信息及技术水平，分析在先专利，在开发中主动避开并超越在先专利，从现有的专利技术中找到空白点和不足进行研究，为产品赢得更多开发和占领市场的机会。

（3）利用专利信息力促产品升级。

专利信息提升产品竞争力。对于市场上现在比较成熟的技术产品，海尔通过检索查新，借用专利文献，寻找新的切入点。在科学的专利信息分析基础上，通过多个部门形成创新体系，实现了由制造优势向自主知识产权优势的转变，大量拥有自主知识产权的冰箱、空调、洗衣机、电视、热水器、手机、电脑等新产品不断推出，极大地提升了产品核心竞争力。海尔网络家电对专利信息的利用就是典型例子。海尔网络家电利用短距离无线通信技术、智能设备管理技术、多媒体处理技术，将传统家电、PC、手机等产品升级为网络家电并构成一个连接家庭内部全部设备的家庭网络。消费者可以用高清电视收看从网络获得的各类节目，用电视监测房内外所有的情况，还可在网上购物。用手机在全世界各个地方、各个角落、不限时间地控制家电。比如，在下班的路上开空调；观察家中需要照顾的老人和孩子是否安全。在网络家电的研发过程中，专利信息发挥了至关重要的作用，科学的专利文献检索和分析使海尔网络家电始终处于国际领先水平。

利用专利信息开发领先产品。海尔集团目前在全球拥有"10+N"创新生态体系、28 个工业园、122 个制造中心、108 个营销中心、全球销售网络遍布 160 多个国家和地区。❶ 为了及时收集到最新技术和动态，了解市场需求，技术人员通过市场调研、专利检索和分析，发现因为搅拌式、滚筒式、波轮式三种洗衣机在洗涤方式上各自的优势和不足，消费者渴望一种能将三种洗衣机的优点集于一身的洗衣机。于是，海尔研发出了"双动力"洗衣机。这种洗衣机在实现技术进步的同时，也带给了消费者实实在在的好处。

随着社会的快速发展，海尔又抓住消费者的新需求，开发出不用洗衣粉的双动力洗衣机。该技术采用电解原理，把水分解成碱性离子，加上海尔独有的双动力技术，达到高于洗衣粉的洗净效果。同时，创造了自洁的除菌技术，电解出的酸离子对洗衣机内部常见的细菌有直接杀灭作用。据中国科学院对这款洗衣机除菌效果的检测报告显示，不用洗衣粉洗衣机对洗衣机内部常见菌种杀菌率高达 99% 以上。❷ 这种产品迎合了消费者的消费需求和消费趋势，也符合社会发展对环保、健康的

---

❶ 海尔公司简介 [EB/OL]. [2021 - 09 - 10]. https：//www. haier. com/about - haier/global/? spm = net. 31750 _ pc. footer _ 128854 _ 20200630.1

❷ 海尔公司简介 [EB/OL]. [2008 - 11 - 14]. http：//www. haier. cn/about/about. shtml.

要求。

利用专利信息满足不同地区的需求。在海尔看来，技术创新不是为了技术而创新，而是为了满足用户需求，创新出更有竞争力的产品。海尔从全球不同地区用户的需求出发，设计订单、设计市场。中东地区的居民喜爱穿质地柔软的长袍，当地气候炎热，一个家庭每天至少需要洗的长袍在 10 件以上，因此，当地消费者要求洗衣机洗袍子要洗得干净、快捷。针对这种需求，海尔设计出了大波轮、大肚量洗衣机，一次能洗 12 件大袍子，既洗得干净又能实现低缠绕和低磨损。这种洗大袍子的洗衣机，在当地销量飞速上升，跃居同容量段洗衣机第一名。❶

海尔集团及时对现有技术跟踪，并借鉴开发出自己的产品。例如，冰箱事业部 1999 年在开发一款出口美国的 BF111 型冷藏箱时，根据美国客户的市场反馈，设计人员决定加上一个易拉罐自动补位装置。在设计之前，专利工作人员进行了国内外专利检索，发现加拿大 A 公司在美国申请的专利与海尔的初步设计方案有抵触，为此，海尔委托美国的专利事务所进行了侵权对比分析，并提供了法律意见。据此，知识产权人员配合设计人员就所设计的一种更新颖、更方便的易拉罐自动补位装置，进行反复专利防侵权论证，确认不与在先权利冲突后，确定了技术方案。产品出口美国后，受到了消费者的极大欢迎，市场销量猛增。

---

❶　海尔公司简介 ［EB/OL］.［2008－11－14］. http：//www. haier.cn/about/about.shtml.

（4）利用专利信息拓展新领域。

20 世纪 90 年代中期，热水器对于海尔来说还是一个陌生的领域。伴随着知识产权的日益成熟及专利信息的快速反馈，海尔成立了热水器事业部。然而，每年因热水器漏电而受伤的人很多，给消费者的安全带来了极大的隐患。海尔通过专利信息检索，收集最新技术，聘请权威专家进行分析，自主开发了防电墙热水器。为保护自己的产品技术，海尔防电墙热水器累计申请专利 12 项，并主导行业标准和企业标准，同时也通过了国际标准的提案。❶

3. 建立健全知识产权管理体系

海尔集团公司的知识产权部门直接由集团总裁领导，处于公司核心管理层面，而事业部的知识产权部门则直接由开发部负责人领导，也接受集团知识产权部门的监督管理。在海尔集团公司的知识产权管理机构和体制中，专利管理占据核心地位，海尔集团公司设立集团、本部、事业部三级专利管理体系。集团知识产权部门作为管理部门不断扩充人员、深化工作，行使总体管理职能；集团本部设立专职知识产权专管员，本部分管的各事业部设立兼职专利管理员，具体执行实际工作。这种体系充分体现了以人为本、正负激励、逐级管理的工作原则，充分调动了下属各单位的工作积极性。

---

❶ 黄贤涛，岳长琴.专利信息为企业发展导航——谈海尔的专利信息开发与利用［J］.中国发明与专利，2007（5）：83-84.

4. 制定切实有效的专利管理制度

知识产权中心以集团最高级程序文件形式制定并下发《专利管理规定》，至今已修订三次，各下属单位在此基础上可直接参照执行，也可视单位不同情况具体细化，制定本单位文件下发执行。各级程序文件中，明确规定了工作程序、复审、考核方法等，做到有章可循。在具体执行中，知识产权中心与科技委员会根据本年度新产品、新技术开发规划，结合上年度各单位的专利申请情况，制定本年度专利申请规划，进行目标分解，落实到各专利单位；各单位进行二次分解、落实。首先对年度科技开发指标进行科研人员全员项目承包制，并对其承包的项目进行专利含量估算，确定其专利申请指标，从而有效控制专利的申请量。在具体的实施过程中，采取对已有技术、单一项目进行多项专利申请的方式。一项技术开发前，先进行专利文献检索，对比已有技术进行分析，借鉴、参考其精华，用以指导自己的设计开发，同时又根据已有专利确定自己专利的保护角度，并且就一项技术进行多项专利申请，充分扩大技术保护范围，形成各自产品技术的专利保护网。

5. 完善激励机制

除统一制定奖酬制度外，海尔集团各单位又制定了一些新形式的奖励方法，比如把奖励机制分解成申请、授权、利用三阶段执行兑现，科研人员、专利管理人员工作达到某一阶段，便兑现该阶段的奖酬，并且年终以总量为考核，作为评选先进、申报"海尔奖"的重要依据。这一系列的措施，使科研技术设计不断更新，设计人员根据所承包的项目主动向专利管理员要求申报专利，并积极配合专利代理人的文献撰写工作，一方面使自己的科研成果得以全面、及时保护，另一方面促进提高了专利申请质量，同时自己也得到了可观的收益，促使单位的专利工作走向主动、规范的模式，也使产品的市场地位迅速提高。

6. 实施名牌战略，争创国际驰名商标

在海尔集团的发展中，商标管理是知识产权工作的另一大工作重点。

（1）正确实施商标定位，树立产品独特个性。海尔集团将各类家电产品统一以"Haier 海尔"总商标统筹，最大限度地发挥了品牌的连带影响力，大大降低了广告宣传的传播成本。在激烈的市场竞争中，任何一种新商标的宣传、推广都是一项十分艰巨和全新的策划工作，如果将新产品和原有的产品归入已经得到市场高度认可的"海尔"商标名下，广告策划在"海尔"连贯、一致的可视形象下，着重展示产品的独特个性，就会大大降低传播成本，形成广告费用相对降低、企业形象不断提升的良性效应。目前，"Haier 中国造"的形象已经深深地印在了消费者的心中，海尔产品在市场上更是全面开花。

（2）建立严密的商标保护网络。完善的产品商标品牌定位，为整套系统方案的推广、运用铺平了道路。全国各地"海尔专卖店""海尔电器园"相继建立，通过"专卖"的形式，以家电的整体形象出现，加上各产品之间的连带影响，最大限度地发挥出集团联合舰队的优势，从而使各产品连续的更新换代变得顺理成章，以最少的投入达到优质的宣传效果，最终换取了巩固的市场地位。但是随着消费者心中"海尔"名牌地位的日益提升，一些企业借机模仿海尔商标，给消费者造成误导和混淆。为解决这一问题，结合企业自身特点，海尔集团先后制定并实施了一系列措施和方法。首先，在所有商标分类、服务分类上均申请注册了"Haler""海尔"及图形三件总商标，建立起了海尔商标保护的第一道屏障。随之，根据"海尔"商标的音、义、字体等进行扩展、变化，产生了大量相近似的商标，提出申请，进行防御性注册，扩大保护范围，杜绝一些"擦边球"的有意模仿现象。同时，设立商标侵权监督台账，采取商标公告监督、商标市场监督两种形式，借助社会各界的力量进行。对监控出的某些类似商标列入台账，进行动态监督，并相应采取适当的措施，从商标异议、工商查处、法律诉讼等多角度开展工作而依法维护企业的注册商标权益。

（3）拓展商标国外注册，争创国际名牌。

随着海尔集团国际化的发展步伐不断加快，产品出口种类、出口国家的不断扩大，商标在国外的保护工作已迫在眉睫。迅速加大商标国外注册量及注册范围，是首要工作。为此，海尔集团根据出口产品现状及规划，制定了近期、远期商标注册规划，并迅速实施，为集团步入国际市场，争创国际名牌奠定了基础。

海尔成功发展几十年来的经验表明，具有强大技术创新能力是参与市场竞争的决定因素，而拥有广泛自主知识产权是这一决定因素的核心内容。采取多样形式强化知识产权的取得，活用已取得的知识产权，在任何企业中都应该是共通的。

二、我国高新技术企业知识产权管理存在的问题

我国知识产权制度对推动高新技术产业的发展发挥了重要作用，但是，与发达国家高新技术企业知识产权保护与管理相比，我国高新技术企业知识产权保护与管理还有相当大的差距，仍然存在许多问题。

（一）国家层面存在的问题

1. 知识产权立法不够完善

党的十一届三中全会以来，我国把知识产权保护工作列入重要议事日程，为了促进我国高新技术企业技术创新及其产业化发展，国家先后制定了一系列法律、法规和规章，特别是我国加入 WTO 后对知识产权法律作了大量修改，在保护范围和保护水平上基本和国际接轨，已形成了具有中国特色的知识产权法律体系。但是，由于我国的知识产权法制建设较晚，在知识产权立法方面仍有一些地方不够完善。

（1）知识产权保护立法滞后。近年来，随着知识和信息生产量的增加、扩散速度的加快，高新技术不断涌现，有的高新技术已经超出了原有知识产权法律保护所涵盖的范围，其中

计算机信息网络与电子商务尤为突出，它们的发展为我国经济增长提供了新的动力和支撑点，但是也带来知识产权保护的新问题。如出现了传统媒体和网络媒体的作品归属、通过网络侵害商业秘密、反不正当竞争等问题。

（2）法律规定的赔偿额较低，难以起到威慑作用。我国《专利法》《商标法》《著作权法》中规定的法定赔偿的最高限额仍然不高，而规定的法定赔偿的最低限额太低，不足以使侵权者得到应有的惩罚，侵权者的侵权成本非常低，权利人通过民事诉讼能得到的赔偿非常有限。因此，侵犯知识产权的成本比较低、获得的利益却很大，这是导致侵权行为多发的重要原因。

（3）禁令、临时措施的可操作性不强。虽然我国知识产权法律有 TRIPS 协议要求的禁令、临时措施的规定，但是有效的、可操作性强的诉前证据保全制度、全面的禁令制度并没有在我国的《民事诉讼法》中得以体现。

（4）《专利法》规定的专利审批期限过长，专利费用过高，导致企业往往因害怕在专利申请中投入过多的时间和精力而浅尝辄止。例如，《专利法》规定，国务院专利行政部门收到发明专利申请后，经初步审查认为符合该法要求的，自申请日起满 18 个月后予以公布。发明专利申请自申请日起 3 年内，国务院专利行政部门可以根据申请人随时提出的请求，对其申请进行实质审查。也就是说，一项发明专利申请前后可达 3 年，显然缺乏时效性。专利审批期限的缩短是必然趋势，只有较短期限才能给企业更大的主动权来实施专利战略。

（5）法律对实用新型和外观设计专利的授权设计不够严谨，授权偏松偏易，导致大量重复授权，也容易造成企业之间发生无谓纠纷，增加了企业不必要的开支。

（6）现行法律中关于知识产权犯罪的条款，已经不能适应满足打击犯罪的需要。

2. 行政执法力度不够

首先，知识产权行政管理部门分散，缺乏协调和预警机制，不利于整合执法资源。知识产权管理和保护涉及各行各业，贯穿于创造、保护和利用知识产权的各个环节。知识产权有关的管理部门很多，除了专利、商标和著作权的授权、注册和登记管理由国家知识产权局和国家版权局集中管理外，其他诸如植物新品种、进出口的知识产权管理、科技项目和成果管理、药品、农产品知识产权管理等，分别由各职能部门管理，涉及的部门有新闻出版广电总局、文化和旅游部、农业农村部、国家林业和草原局、公安部、海关总署等。在条块分割的管理体制下，因缺少有效的沟通渠道和协调机制，政策和管理之间不衔接，不能形成合力，最终没有一个部门能够统一起来。知识产权行政执法涉及的行政部门比较多，在实际保护工作中容易造成多头执法、有利益都管而没有利益都不管的情况，不利于整合执法资源，同时多头执法也使企业经营者无所适从。一方面，企业遇到问题不知道该找谁；另一方面，知识产权管理部门因为不了解情况，不能及时参与有关事件的协调和处理。国际上大部分国家是按照工业产权分类，实行专利和商标统一集中管理。其次，由于某种程度上的地方保护主义和部门保护主义存在，在被侵权后造成查办困难。最后，知识产权执法手段严重不足，特别是行政执法经常处于"心有余而力不足"的尴尬局面。行政执法机关认定侵权行为成立的，只能责令侵权人停止侵权行为，没有其他诸如暂扣、查封、没收侵权产品等执法手段，对一些违法分子的威慑力不够，无法对侵权者实行毁灭性的打击，挫伤了企业利用知识产权制度进行保护的积极性。此外，知识产权案件的专业性强，行政执法人员的执法水平有限。

3. 司法保护不力

实践中，专利侵权案件和技术秘密侵权案件多数都是原告败诉，某法院知识产权庭的一位法官说其审理的技术秘密侵权案件原告几乎没有胜诉的。究其原因，主要是举证难、举证责任的分配不合理和法官的专业水平不高。国内也有不少企业认为打官司费用高，时间长，赔偿金额低，明明知道专利权被侵犯也不愿意打官司。甚至有些企业因为得不到应有保护，不愿意申请专利。❶

4. 打击侵犯知识产权犯罪的力度不够

目前，打击侵犯知识产权犯罪的力度还远不能对犯罪分子起到足够的震慑作用，侵犯知识产权的违法犯罪现象十分严重。在对知识产权犯罪的认定上，公、检、法部门存在较多歧义，难以形成合力，削弱了打击知识产权犯罪的力度。

---

❶　王一.科学技术与专利法律保护［J］.甘肃科技，2005（5）：183.

此外，我国知识产权的刑事保护程度不平衡，对知识产权犯罪的打击主要集中在侵犯商标权类犯罪，而对假冒专利、侵犯商业秘密犯罪，打击处理的数量很少，执法部门没有对这类犯罪达成共识，形成一套比较成熟的处理模式。同时，知识产权刑事犯罪立案的门槛太高，刑罚震慑力不够，一些行政执法部门还存在以行政处罚代替刑事处罚、处罚过轻等放纵犯罪的问题。❶

（二）企业层面存在的问题

1. 知识产权管理与保护意识淡薄

在我国，知识产权是舶来品，在改革开放以前，中国无知识产权法律制度，知识资产的产权是公共的，任何人都可以不做任何付出而利用他人的知识资产，表现出一种技术成果无权利状态❷，中国企业几乎没有知识产权意识。改革开放之后，随着我国知识产权立法的发展，中国高新技术企业的知识产权意识有所提高，但与发达国家相比仍有较大的差距，在经营管理活动中更多地强调有形资产的使用和管理，对知识产权管理重视不够。由于长期受计划经济和科研体制的影响，许多高新技术企业和科技人员重视发表论文和科技评奖，而不重视专利

---

❶ 当前增强自主创新能力及加强知识产权保护工作存在的主要问题及有关建议 [EB/OL]. [2006 - 05 - 24]. http：//www. sdpc. gov. cn/gjscy/cyjs/t2006052570279. htm.

❷ 刘茂林. 知识产权法的经济分析 [M]. 北京：法律出版社，1996：166.

申请和技术秘密保护，对技术创新成果的知识产权价值认识不足，更不能运用法律武器保护技术创新成果，导致企业不应有的损失。高新技术企业保护知识产权观念淡薄还表现在，企业不仅不重视自己的知识产权，也不重视他人的知识产权，知识产权观念淡薄已经成为困扰部分高新技术企业发展的重要问题之一。

2. 高新技术企业知识产权工作普遍缺乏战略支撑

企业知识产权战略是企业运用知识产权制度为获得并保持市场竞争优势的战略。高新技术企业开展知识产权工作核心目的就是帮助企业获得与维持市场竞争优势。制定和实施知识产权战略理所当然应当成为我国高新技术企业的一项重要工作。目前，我国一些高新技术企业仍缺乏知识产权战略意识，一些高新技术企业对制定知识产权战略的必要性认识不充分，对知识产权工作的理解，仅仅停留在知识产权成果的申请、保护等工作层面。一些高新技术企业还未意识到知识产权战略与企业总体战略之间的关系，误以为企业制定了经营战略，就可以不再制定知识产权战略了，故而未制定专项知识产权战略。即使有的高新技术企业制定了知识产权战略，但也存在企业知识产权战略与企业战略结合度不够的问题。

3. 内部知识产权制度不完善，一些企业知识产权管理部门不健全

我国一些高新技术企业没有设立专门的知识产权管理机构和专职管理人员，特别缺乏将企业知识产权管理与企业业

务紧密结合的专业人才，而是由相关部门或相关人员兼管。另有一些高新技术企业虽然设立了知识产权管理部门，但管理人员多为兼职，专业水平较低，对知识产权的研究和利用能力差，有时甚至造成专利因逾期未缴年费而被视为放弃专利权的结果，给企业造成难以挽回的损失。由于知识产权管理专业人才和组织匮乏，高新技术企业对于知识产权运营显得力不从心。

目前，我国高新技术企业知识产权管理制度建设不健全，有的高新技术企业没有将知识产权纳入企业管理活动中，缺乏内部知识产权管理制度，还有一些企业将知识产权管理等同于企业技术生产管理或法律事务管理，在明确产权归属、激励职务发明、解决纠纷、知识产权运营、无形资产评估等制度方面存在严重不足。这说明企业知识产权管理制度的建设仍然不够健全，企业没有将知识产权管理制度化。制度不完善，影响了知识产权的保护与运用以及对创新人员的有效激励，阻碍企业自主知识产权的开发与运用。

4. 不重视赋予技术创新成果以知识产权

以专利为例，自《专利法》实施以来，在被批准的我国企业申请的众多专利中，外观设计和实用新型专利居多，真正代表一国科技发展水平的发明专利却较少。作为我国高新技术产业之首的航天工业，靠自力更生取得举世瞩目的成就，确立了在世界航天工业领域的领先地位，但当中国航天企业走向国际市场时，却遇到了许多困难，最主要的是对曾经形成的技术创新成果没有及时申请专利，而欧美航天企业通过有效的知识

产权保障体系占据了国际市场的竞争优势。❶

5. 知识产权严重流失

有些高新技术企业由于疏于对知识产权的管理、保护，加之技术秘密、专有技术被科技人员、工作人员跳槽带走或被窃取，不仅造成企业知识产权的流失，而且跳槽的人员往往会成为直接的竞争对手，抢夺企业的销售市场。例如，2005 年 7 月，天津水泥工业设计研究院原副院长宋某某策动 36 名技术骨干集体"跳槽"，使该院的新技术——我国自主研发的新型干法水泥工艺与装备技术瞬间落入他人之手，使企业蒙受巨大损失。❷ 企业在对外合资、合作中，知识产权价值评估工作往往被忽视，许多知识产权价值被严重低估，甚至根本未被作价，造成知识产权流失；实行承包、租赁经营的企业，受短期利益驱动，不注重对技术创新成果进行知识产权保护，造成知识产权流失。

6. 缺乏自主知识产权

世界知识产权组织发布的《2017 年世界知识产权指标》显示，我国在专利、商标等知识产权领域的申请数量均排名世界第一位，我国的高新技术企业已经成为全球专利、商标申请增长数量方面的主要推动者。目前，我国高新技术企业的自主

---

❶ 易显飞.技术创新与知识产权制度相互作用机制研究 [D]. 长沙：中南大学，2002.

❷ 策动 36 名骨干跳槽 天津水泥院原副院长被逮捕 [DB/OL]. [2006-03-29]. http：//news.sina.com.cn/c/2006-03-29/0411855-3801s.shtml.

知识产权特别是与核心技术、关键技术相关的自主知识产权数量偏少。高新技术企业创新能力不足，自主知识产权缺乏，导致了我国高新技术企业在国际市场上缺乏竞争力。高新技术企业知识产权必须从数量向质量提升转变，大力培育高价值核心知识产权，提升企业的核心竞争力。

7. 对知识产权信息利用不够

世界上每年有百万项专利技术公布，对创新是个难得的信息宝库。根据世界知识产权组织的统计，专利文献中包含了世界上 95% 的研发成果，如果能够有效地利用专利情报，不仅可以缩短 60% 的研发时间，还可以节省 40% 的研发经费。❶ 然而，我国高新技术企业在研究与开发过程中对专利文献利用得不够充分，相当一部分企业科技人员在选择和设计科研课题前，由于没有进行专利文献检索，导致重复研究，浪费了大量人力、物力和财力。

8. 缺乏有效调动发明人创新积极性的激励机制

虽然大多数的高新技术企业已经建立了知识产权方面的激励机制，而且能够依照知识产权相关法规给予发明人奖励，但奖励的落实程度不够，甚至出现奖励不透明、不到位的现象，部分企业仍习惯于单一的科技奖励制度，发明人的报酬与知识产权的创造及收益关系不大，科技人员的绩效考核与知识产权的数量和质量无关，这就大大降低了科技人员从事科技创新的

---

❶ 张帆，陈彬华.我国知识产权保护存在的问题及对策研究[J].时代金融，2006（7）：49-50.

积极性，使企业缺乏竞争的后劲。❶

三、我国高新技术企业知识产权管理存在问题的原因分析

（一） 国家层面的原因

我国过去实行计划经济下的成果管理体制，转向知识产权法律保护体制的时间较短，人们还受过去管理体制的惯性影响，从而对知识产权管理战略缺乏了解和认识，取得的研究成果往往不是申请知识产权保护，而是以发表论文等方式处理，更谈不上向国外申请专利，有意识地建立专利网和专利壁垒来保护这些成果。"863 计划"仅 20% 的成果申请了专利，多数成果以论文的形式公布于众，有些成果是国外还没有的，处于世界领先地位，因为没有申请专利而拱手让人。我国对科学研究实行非市场化的成果驱动机制，90% 的科研经费由国家提供，不需要市场回报。❷

制度缺陷是我国高新技术企业知识产权管理战略方面存在问题的更深层次原因。因为制度是决定人们相互关系的、人为设定的一些制约性规则，制度的缺陷会增加人们在知识产权活

❶ 李颖.高新技术企业知识产权管理体系的构建研究 ［J］. 华东经济管理，2008（9）：99.

❷ 宋亚非.跨国企业知识产权管理战略分析及其启示 ［J］. 财经问题研究，2008（7）：100–101.

动中的交易费用，缺少激励人们实施知识产权管理战略的利益动因。由于我国知识产权制度建立较晚，国家在法律、政策方面没有为企业创造良好的条件，知识产权保护体系的不完善削弱了企业实施知识产权管理战略取得的收益，导致企业缺少积极性。没有法律制度保护知识产权所有者的收益，还会因侵害他人的知识产权不受处罚而产生仿造、假冒和不正当竞争行为等。制度的形成与完善是一个不断变迁的过程，其变迁的路径也分为诱致性制度变迁和强制性制度变迁。诱致性变迁是行为主体受巨大利益的诱导而产生的自发性行为变迁；强制性变迁是政府制定法律，强制企业发生行为改变。我国高新技术企业当前仍面临着加入世界贸易组织带来的激烈的国际市场竞争，依靠缓慢的诱致性制度变迁不能适应当前需要，必须通过政府完善知识产权法令，实现强制性制度变迁。

（二）企业层面的原因

企业知识产权意识淡薄，缺少主动性，知识产权管理工作缺少战略等。在发达国家，知识产权管理受到企业极大重视，被视为形成企业核心竞争力的重要因素。为什么在我国却得不到足够重视呢？

首先，在行为方式上，由于过去体制的惯性影响，许多高新技术企业习惯于"等、要、靠"，习惯于向国家争项目、争投资，忽视了自主知识产权的创造、保护与运用。

其次，企业缺乏知识产权管理的积极性。企业知识产权管理行为从无到有、从被动到主动的变迁，其动机是受行为变迁所带来的利益驱动。只有行为人分析到行为的结果能带来巨大的利益时，才会采取行动，从而发生行为变迁。一方面，诱导行为变迁是一个缓慢的过程，因为这要受行为主体现有知识与经验、认识能力和学习能力等影响；另一方面，由于我国知识产权保护体系不完善，降低了企业实施知识产权管理取得的收益，导致企业缺少进行知识产权管理的积极性，从而又延长了企业行为的变迁过程。

最后，知识产权管理人才匮乏，导致知识产权管理知识供给不足。一方面是由于我国过去科研与生产相脱节，大量科研人员集中在高校和科研院所，企业科研力量不足，导致企业知识产权的形成来源不足；另一方面是我国通晓知识产权法律和知识产权资本化运作的人员不够多，这导致企业可能还认识不到知识产权管理能带来的巨大收益，或者虽然认识到了，但由于缺少相关的人员而不知如何着手采取行动。例如，我国很多企业认识到商标的巨大经济效应，只单纯花费巨资做广告，但由于商标的价值内涵及商标的许可运作知识缺乏，反而导致短期行为，产生不良后果。❶

---

❶　文豪，陈芳芸.企业知识产权管理：问题、原因与对策 ［J］. 管理科学，2002，15（3）：63-66.

第五章 完善我国高新技术企业知识产权管理的对策

前文分析了我国高新技术企业知识产权管理存在的问题及原因，要解决这些问题：一方面要依靠政府的力量，加快知识产权立法进程，加强知识产权执法力度，实施知识产权国家战略；另一方面则要依靠企业自身努力，在企业内部建立起完善的知识产权管理体系，将企业知识产权管理工作贯穿于企业技术开发、生产经营全过程。

一、国家层面的对策

（一）完善知识产权法律制度

进一步完善知识产权法律和政策，为企业营造良好的知识产权法制环境。

（1）根据科技的迅猛发展和知识产权竞争趋势，扩大知识产权的保护范围。如美国已将网络上的经营模式等纳入专利保护范围；日本和欧洲也开始了授予商业方法以专利权。不仅

如此，西方国家还把知识产权保护与贸易挂钩、与国内法挂钩，强制保护其利益。❶

（2）针对高新技术更新周期短的特点，简化专利审批程序，为专利申请人提供高效、便利的服务，便于发明创造人的技术创新成果及时得到保护；降低专利申请费用，使企业的专利保护成本降低。

（3）现行专利法关于职务发明创造与非职务发明创造归属的规定比较原则，导致职务发明创造与非职务发明创造纠纷案件增多，法官也由于没有可操作性的法律规定往往难以处理。专利法应增加判断职务发明创造与非职务发明创造归属的可操作性规定。

（4）完善知识产权诉讼法律制度。在《民事诉讼法》中规定发明专利侵权案件实行举证责任倒置；完善知识产权案件诉前证据保全制度、禁令制度等有关程序立法方面的问题，使之具有较强的可操作性，为企业知识产权提供适时的司法保护。

（5）完善知识产权行政执法制度。赋予行政执法机关暂扣、查封、没收侵权产品等执法手段，加大处罚力度；根据知识产权国际条约规定，借鉴他国经验，结合我国知识产权行政执法的实践，尽快制定和完善有关的行政程序规范，如调查程序、处罚程序、复议程序、执行程序等方面的规范，形成比较系统的行政程序规范体系，从而提高我国知识产权行政保护制

---

❶　郭民生."知识产权优势"理论之我见［EB/OL］.［2006-02-07］. http：//ipo.haipo.gov.cn/show.php？id=2663.

度的可操作性。

（6）制定商业秘密法。目前，对商业秘密保护的法律主要是《反不正当竞争法》及相关行政规章和司法解释，但《反不正当竞争法》关于商业秘密的规定过于简单，行政规章和司法解释具有较大随意性，无法适应市场经济和社会发展的需要，有必要制定一部统一的商业秘密法。

（二）加强知识产权的行政执法保护和司法保护

加大对知识产权司法保护和行政执法的力度，保护知识产权权利人合法权益。

（1）加强执法和司法队伍的建设。知识产权案件具有专业性、技术性强的特点，涉及的法律法规比较多，执法和司法工作难度较大，应当加强执法和司法队伍的建设，增加执法和司法人员数量，加强对执法和司法人员的培训，提高执法和司法人员的专业素质，提高我国知识产权保护的执法和司法水平。

（2）建立知识产权行政保护快速反应机制，依法公正、高效地调处知识产权纠纷。美国商务部专门建立了企业协商机制，设立了 16 个行业贸易咨询委员会，包括知识产权保护咨询委员会，对各类知识产权纠纷提供咨询及快速协调处理服务，及时有效地化解了一部分知识产权纠纷，值得我们借鉴。❶ 我国

---

❶ 徐土松.美国知识产权保护和反倾销借鉴 ［J］.杭州科技，2005（6）：52-56.

《专利法》《商标法》等都已经明确赋予了行政机关对侵权纠纷的处理、协调职能，当务之急是应当进一步完善知识产权纠纷的调解和处理能力，形成快速解决纠纷的行政处理机制，打造知识产权信息高速公路，不断提高知识产权管理水平和执法效率。对于侵权案件、违法案件，积极发挥跨部门执法协作机制和区域协作执法机制的作用，打击和防范群体侵权、反复侵权行为。巩固知识产权重大案件联合督办制度以及与外国政府、国际组织间的沟通对话机制。

（3）强化知识产权司法保护，依法追究侵犯知识产权犯罪行为的刑事责任，为我国营造良好的知识产权保护环境。

（三）改革评价制度，有效激励开展创新活动的积极性

通过改革现有的科技评价制度，逐步建立高效合理的科技评价制度，从而有效地激励高新技术企业知识产权创造活动的开展，推动高新技术产业的发展。为此，应采取以下措施：

（1）制定和建立以市场效益为核心、科学有效的科技评估指标体系（包括科技成果评审、科技成果转化效益评审等），具体包括科技创新标准、科技转化程度、经济效益标准和社会效益标准等。

（2）建立健全无形资产的评估机构和评估制度，贯彻落实保护知识产权的专利法等法律法规，使无形资产评估成为知识产权转让、入股、参股的重要依据。

（3）与科研评价制度相配套，建立知识产权创造奖励制

度，具体包括学术荣誉、职称晋升、国家奖励、企业报酬和技术专利收益等，特别对作出重大贡献的知识产权创造人员应当重奖，如设立知识产权创造成就奖和高新技术企业杰出经营管理人才奖，从而有效激励科技人员进行知识产权创造的积极性。❶

（四）加强专业人才培养，建立结构合理的人才队伍

人才资源是一个国家最宝贵的资源，国家间、地区间的综合实力竞争，实质上是科技的竞争，归根结底是人才的竞争。培养和造就一批高素质、复合型人才，是高新技术企业快速发展的根本保证。因此，应当继续贯彻实施科教兴国战略，坚持培养和引进并重，尽快建立起结构合理的人才队伍。一是加强高等教育阶段知识产权知识的普及教育。各高等院校应在大学本科阶段全面开设知识产权课程，并将知识产权作为高校学生素质教育的重要组成部分。在研究生层面，应通过知识产权法律硕士与知识产权 MBA 模式培养知识产权中高端专门人才。二是优化现有教育资源，积极选派高层次科技专业人才和知识产权管理人员到国内外大学和科研机构培训深造。三是改革教育内容，改变教育与经济、科技相脱节的状况，在实践中走"产学研"相结合的道路，加大科技含量，促进教育与经济、

---

❶ 李国强，王剑平，李学林.科技创新集成体系构建及运营模式[M].北京：中国农业科学技术出版社，2007：244-247.

科技的密切结合。四是加大海外高层次人才引进的力度，加强留学人员创业园建设，形成人才积聚效应。

（五）加大政府投入，改善高新技术企业融资环境

针对高新技术产业高投入、高风险、高收益的特点，政府应加大财政预算对高新技术企业科技研发的支持力度，建立多层次、多元化的投资融资渠道。因此，当前的工作重点及措施是：

（1）设立高新技术企业知识产权发展基金；

（2）建立高新技术企业知识产权风险投资机制，设立风险投资基金；

（3）为高新技术企业在国内外上市融资创造条件；

（4）鼓励以无形资产投资入股；

（5）政策性银行加大对高新技术企业的资金支持力度。

（六）加大对信息设施的投入，提供优质的信息资源服务

政府应当加强对国内外各种知识产权信息的采集、分析、研究，构建不同专业和领域的知识产权信息库，采用政府部门和民间机构密切合作的方式，进一步完善技术评估预测体系和各类知识产权信息数据库、资讯档案，并建立起相应的专家咨询系统，为企业搭建好信息服务平台，提供良好的公共资源服务。

二、企业层面的对策

（一）提高高新技术企业知识产权意识

我国高新技术企业对知识产权保护不重视，很大程度上是由于高新技术企业知识产权保护意识淡薄，没有认识到知识产权对促进技术创新和企业发展的重要价值，甚至有人认为专利被窃、人才流失对经济发展有一定推动作用。只有提高了知识产权保护意识，高新技术产业的知识产权保护才能真正落到实处。❶ 因此，要加强宣传和普及知识产权知识；加强企业知识产权文化建设；有针对性地对企业领导层和员工进行知识产权培训（对所有新员工都要进行法律和知识产权课程教育），提高企业领导层和员工的知识产权保护意识，特别是应注意提高企业领导层知识产权保护意识，提高其知识产权管理、利用和运营水平，使他们充分认识到知识产权是法律确认的重要的无形资产、竞争优势和市场垄断的合法机制，知识产权与企业经营管理和发展壮大息息相关，是企业扩大市场份额和提升竞争力的重要手段。

（二）建立专门知识产权管理机构

加强高新技术企业知识产权管理与保护，必须建立完善的

---

❶ 张健.高新技术企业知识产权管理制度的建立 [J].环渤海经济瞭望，2004（10）：24.

知识产权管理组织体系，设立专门知识产权管理机构，直接隶属企业的最高管理者。知识产权具有知识面广、专业性强的特点，知识产权管理与保护是一项专业性很强的业务，应当配备专职的专业管理人员。企业应该对具有工科学历背景、有较好的英语基础、有一定企业经营管理经验、正在从事或者潜在可能从事知识产权管理的人员进行在职培训，尽快使他们掌握全面的或者某些方面的知识产权知识和实务技术。

（三）建立、健全企业知识产权管理制度

经济全球化使竞争更加激烈，企业之间未来的竞争将主要是知识产权的竞争。高新技术企业要多向国内外优秀企业学习，特别是发达国家跨国公司在知识产权管理上的成功经验，尽快建立和完善企业的知识产权内部管理制度，加强知识产权管理，在知识产权相关权益受到侵害时，要善于运用法律武器加以维护，在市场上立于不败之地。高新技术企业应当建立完善知识产权激励制度，调动科技人员进行技术创新的积极性；建立完善知识产权评估制度，防止知识产权流失，定期进行评估还有利于企业及时调整知识产权战略；建立完善知识产权侵权纠纷应对制度，一旦侵权纠纷发生，能够迅速作出反应，维护自己的合法权益；建立、健全商业秘密保护制度，与职工签订保密协议，特别要防止人才流动过程中的技术秘密泄露。建立专利信息利用制度，节约技术创新成本，同时防止侵犯他人知识产权。

（四） 完善发明创造的激励机制

为激励公司员工进行发明创造，减少因人员流动而造成的知识产权流失，高新技术企业应当实行对员工发明的终生多次奖励和累积计分制奖励的激励机制。即除了对完成发明创造的员工颁发一次性奖金和奖状外，还要对发明人按照完成发明创造的数量、质量、是否申请专利、实施的情况给予计分，每年累加，企业按照发明人积累分数多少每年颁发科技发明奖，直至员工离开企业。如果员工工作到退休并不再到其他企业任职，则可以终生领取该奖金。

（五） 提升高新技术企业创新能力，创造自主知识产权

国外跨国公司在高新技术领域占据知识产权优势，不断将技术独占优势转化为市场垄断优势，威胁我国企业的利益。要提高我国高新技术企业在国际市场上的竞争力，就必须提高企业的自主创新能力。高新技术企业应设立自己的研发机构并实行"产学研"联合，通过加大研发投入、提高技术开发人员素质来提高企业自主创新能力，带动自主知识产权量的增加。

（六） 有效开展知识产权信息管理工作

当今世界，国家核心竞争力越来越表现为对知识产权的创造、运用能力；知识产权信息贯穿知识产权创造的全过程，有

效利用知识产权信息，可以掌握科技发展的进展、动向和趋势，促进和完善创新构思，科学地制定科技创新战略，缩短研究开发进程，避免重复劳动，提高科技创新起点和层次；加强知识产权信息的利用、传播和服务，是更好地发挥知识产权制度的作用，提高全社会自主创新能力的基础性、关键性环节，对于建设创新型国家具有十分重要的战略意义。❶ 我国已经加入世界贸易组织，企业面临着国际化竞争，互联网则使信息传播更加迅捷，企业需利用知识产权信息服务平台，从专利信息入手，更全面、更迅速地获取国内外竞争对手的技术信息、市场竞争信息和知识产权法律状况信息。我国专利局文献馆拥有众多的专利文献，是一笔宝贵的资源，可以为企业提供现存的先进技术成果。在研究开发过程中，企业可以充分利用知识产权情报信息，及时掌握相关产业和本行业技术的最新发展动态及市场变化趋势，弄清对手技术发展动向，由此可以找到技术的空白点，高起点地选择创新重点和突破口，以避免盲目开发或侵犯他人的知识产权，从而以最小的代价获得最大的收益。高新技术企业要建立并不断完善知识产权信息工作体系，根据本企业的实际情况建立知识产权信息利用机制，建立企业知识产权信息管理系统。高新技术企业要特别重视跟踪竞争对手的知识产权申请趋势、权利保护范围，科学地制定新产品开发策略、技术引进和消化吸收策略、竞争与合作策略，以促进企业知识产权战略的实施。有效的知识产权信息管理对知识经济、

---

❶　参见科技部发布的《关于提高知识产权信息利用和服务能力，推进知识产权信息服务平台建设的若干意见》。

技术创新、企业竞争情报活动、贸易活动等都有很大的推动作用。企业要积极利用各种企业名录、报纸、技术标准、专利文献等公开资料，商业数据库、企业网站等网络信息源和人际情报网络收集知识产权信息，然后进行信息组织、加工、分析、研究，有效指导企业进行技术创新、经营管理、高效决策等相关企业活动。❶

❶ 魏蕊.日本企业知识产权信息工作及其对我国企业的启示[J].科技情报开发与经济，2008（1）：83-84.

第六章　商业秘密诉讼中非公知性认定问题

　　我国在商业秘密领域逐渐形成和确立了商业秘密侵权的司法救济制度，对打击商业秘密侵权行为，保护商业秘密权利人的权益，促进科技进步起到了十分重要的作用。但是，商业秘密的非公知性认定成了商业秘密权利人维护其合法权利的最大障碍。本章简要介绍商业秘密的概念和构成要件，重点分析商业秘密侵权的司法救济的非公知性认定问题，就完善我国商业秘密侵权的司法救济制度提出相关建议。我国司法界基本上都是委托鉴定机构作非公知性鉴定，但是，非公知性鉴定的技术标准不统一，受鉴定专家的主观影响非常大，缺乏客观性，往往造成不同的鉴定机构对同一个技术信息会作出完全不同的鉴定结果，而且鉴定机构是否能够鉴定非公知性还存在争议。所以笔者建议，以国务院专利行政部门作出的新颖性检索报告作为技术信息具有非公知性的初步证据。

一、商业秘密的法律界定

有人考证，商业秘密保护的源流可以追溯到古罗马时代。按照当时的法律，竞争者如果恶意引诱或强迫对方的奴隶泄露对方的商业秘密，奴隶的所有人有权提起"奴隶诱惑之诉"，请求双倍的损害赔偿。❶ 但是，商业秘密保护作为专门的法律制度，产生于工业革命以后。现代意义上的商业秘密法律保护起源于英美的判例法，1851 年的 *Morison v. Moat* 一案是英国进行正式的商业秘密法律保护的具有开创性的判例。该案中的原告之父发明了一种成药，并把该项发明告诉其合伙人（被告），约定不得向任何第三人透露该项发明，但合伙关系结束后被告擅自将此发明告之自己的儿子由其进行运用。法院依据衡平法认定被告的行为违背诺言和信义，虽然原告与被告之间不存在直接的合同关系，但原告作为成药配方开发者的儿子对配方拥有所有权，对被告违背忠诚义务这一事实本身原告享有诉权。最终法院判决被告之子永远不得运用该配方制造药品。该案的裁决一方面体现了英国判例法中维护信托关系的传统，另一方面也成为英国法院运用信托理论对商业秘密进行保护的先声。❷

对商业秘密的概念或定义，学术界的观点和争论颇多，各

---

❶ 孔祥俊.反不正当竞争法的适用与完善 ［M］.北京：法律出版社，1998：387.

❷ 张耕.商业秘密法 ［M］.厦门：厦门大学出版社，2006：70.

国法律对商业秘密的定义也有一定差异。有的英国学者认为，界定商业秘密也许是不可能的，但这并非特别重要。尽管如此，在长期的司法实践中，英国法官就个案发表看法，也形成了一些较有代表性的意见。其中引述最广的是格瑞额勋爵的以下描述："商业秘密是一种非公共财产和非公有知识的东西。"1939 年制定的《美国侵权行为法重述》第 757 条给商业秘密下的定义是："商业秘密是指商业活动中使用的各种配方、图案、设计和资料索引。商业秘密的所有人与不知道或不使用它的竞争对手相比，处于更有利的地位。它可以是某一化合物的配方，一道制造、处理、贮存材料的程序，一部机器或其他设计的图形，或顾客名单。它不同于商业领域里其他的情报……它不是商业活动中单一的与别的事情没有联系的简单的情报。"● 1979 年制定的《美国统一商业秘密法》第 1 条第 4 项给商业秘密下的定义是：商业秘密是"包括公式、图样、汇编、装置、方法、技巧或工序的信息，该信息（1）可单独为持有者创造出实际或潜在的经济价值，而且尚未被大众所知悉，也未被他人以正当的方法所确知；（2）持有人在合理状态下，已尽到维护其秘密性的努力"。● 1995 年制定的《美国反不正当竞争法重述》对商业秘密进行了概括式的定义："商业秘密是指任何可用于工商经营的信息，其有足够的价值和秘

● 姜伟.知识产权刑事保护研究 ［M］. 北京：法律出版社，2004：293.

● 姜伟.知识产权刑事保护研究 ［M］. 北京：法律出版社，2004：294.

密性，使相对于他人产生现实或潜在经济优势。"❶《日本不正当竞争防止法》第 2 条第 3 款规定："本法所称的商业秘密，是指在商业活动中使用的制造方法、销售方式或者其他任何技术或者经营信息，该信息作为秘密进行保持，且不为公众所知悉。"《德国反不正当竞争法》未对"商业秘密"作出定义式的界定。按照德国联邦法院及学说的见解，商业秘密是指所有人有保密的意思、具有正当的经济利益的一切与经营有关的尚未公开的信息。❷

商业秘密在 TRIPS 协定中被称为"未披露的信息"，该协议第 39 条规定："只要有关信息符合下列三个条件：（1）在一定意义上，其属于秘密，就是说，该信息作为整体或作为其中内容的确切组合，并非通常从事有关该信息工作之领域的人普遍了解或容易获得的；（2）因其属于秘密而具有商业价值；（3）合法控制该信息之人，为保密已经根据有关情况采取了合理措施。则自然人及法人均应有可能防止他人未经许可而以违背诚实商业行为的方式，披露、获得或使用合法处于其控制下的该信息。"这种规定的内涵与商业秘密并无实质性的区别，但是相比较而言，这一概念更具有概括性和开放性，更具有广泛的生命力，可以囊括社会经济发展中不断产生的新形式的商业秘密。

在我国，1987 年 1 月 1 日施行的《民法通则》（已废

---

❶ 张耕.商业秘密法［M］.厦门：厦门大学出版社，2006：78.

❷ 彭学龙，熊承周."商业秘密"界定之比较研究［J］.广西政法管理干部学院学报，2003（2）：56.

止）将知识产权规定为民事权利之一，没有将商业秘密作为单独的知识产权加以列举，但《民法通则》第五章第三节所规定的知识产权涵盖了商业秘密。1987 年 11 月 1 日实施的《技术合同法》第 7 条、第 32 条、第 39 条、第 41 条都涉及非专利技术成果、非专利技术转让等概念，该法虽然没有使用技术秘密、商业秘密之类的概念，但这里的非专利技术显然是指商业秘密中的技术秘密。商业秘密作为法律术语最早出现在 1991 年修正后的《民事诉讼法》中，该法第 66 条规定，证据应当在法庭上出示，并由当事人相互质证。对涉及国家机密、商业秘密和个人隐私的证据应当保密，需要在法庭出示的，不得在公开开庭时出示；第 120 条规定："涉及商业秘密的案件，当事人申请不公开审理的，可以不公开审理。"该规定没有界定商业秘密的概念及范围。1992 年 7 月 14 日《最高人民法院关于适用〈中华人民共和国民事诉讼法〉若干问题的意见》第一次对商业秘密作出司法解释，第 154 条规定，商业秘密主要是指技术秘密、商业情报及信息等，如生产工艺、配方、贸易联系、购销渠道等当事人不愿公开的工商业秘密。这个定义运用了列举式，很不严谨。1993 年 9 月 2 日通过的《反不正当竞争法》对商业秘密的定义作出了规定。该法第 10 条第 2款规定："本条所称的商业秘密，是指不为公众所知悉、能为权利人带来经济利益、具有实用性并经权利人采取保密措施的技术信息和经营信息。"1995 年 11 月 23 日国家工商行政管理局颁布的《关于禁止侵犯商业秘密行为的若干规定》中列举了商业秘密的范围：设计、程序、产品配方、制作工艺、制作方法、管理决策、客户名单、货源情报、产销策略、招投标中的标底及标书内容等方面。1997 年修正的《刑法》对商业秘密的定义与《反不正当竞争法》相同。

二、商业秘密的构成要件

对商业秘密的构成要件的认识比较统一，在这里仅作简单介绍。根据我国《刑法》第 219 条对侵犯商业秘密罪的规定和《反不正当竞争法》第 10 条对商业秘密的定义，要构成商业秘密，必须具备四个要件：非公知性、价值性、实用性和采取保密措施。

（一）非公知性

所谓商业秘密的非公知性，也称为秘密性或新颖性，这一要件包含了新颖性和秘密性双重含义，而新颖性更为重要。根据我国《反不正当竞争法》和国家工商行政管理局于 1995 年 11 月 23 日发布的《关于禁止侵犯商业秘密行为的若干规定》第 2 条的规定，商业秘密"不为公众所知悉"，即该信息是不能从公开渠道直接获取的，还意味着该商业秘密知晓的范围限定为非常有限的特定人员，如果被公众周知或是公用的通用技术和经营方法等，则不是经营秘密。"非公知性"所要求的公众，并非是指社会大众，而是相关领域的具有一般或者中等认知水平的人，同时也不包括在该领域中的专家学者。只要是相关领域的中等水平的人所不知的信息，就有可能成为商业秘密。它是相对的，并不要求除权利人之外其他任何人都不知晓，非公知性的表现其实是相对的新颖性与相对的秘密性。

商业秘密的新颖性与专利的新颖性要求不同。专利的新颖性，是指在申请日以前没有同样的发明或者实用新型在国内外出版物上公开发表过、在国内公开使用过或者以其他方式为公众所知，也没有同样的发明或者实用新型由他人向国务院专利行政部门提出过申请并且记载在申请日以后公布的专利申请文件中。商业秘密对新颖性要求的程度很低，仅要求不是相关行业内的已经存在的信息，与公知信息保持最低限度的不同。

（二）价　值　性

价值性是指商业秘密能为权利人带来经济利益。这种价值性并不要求一定要为权利人带来现实的经济利益，如果具备潜在的经济价值也同样可以受到法律保护。这里的经济价值还包括通过商业秘密的使用，能为权利人带来竞争上的优势。要成为商业秘密，其必须具备"价值性"。一项技术信息或经营信息只有能给权利人带来经济利益，才能作为商业秘密加以保护。而价值性也是商业秘密成为被侵权对象的主要原因，一项没有价值的秘密在经济领域中是不会有人想方设法地通过不正当手段去获取的。

（三）实　用　性

商业秘密的"实用性"是与价值性并存的，正是由于具有实用的性质，其经济价值才能体现出来。商业秘密的"实用性"是指能够在生产经营领域实际应用。实用性要求商业秘密必须是具体的，作为商业秘密的技术信息、经营信息不能停留在构思、设想阶段，法律并不保护单纯的构思、设想和抽象的概念。

（四）采取保密措施

商业秘密要得到法律的保护，权利人必须采取一定的保密措施，其自身要有将其作为秘密加以保护的主观意愿。试想一项商业秘密被权利人研究、开发成功后而没有采取必要的保密措施，它与已经进入公有领域的普通信息没有什么区别，权利人自己都不将其作为秘密来处理，而要求他人保密或追究他人的所谓侵权责任是荒诞不稽的。但是，法律并不要求采取的保密措施是万无一失的，只要权利人采取的保密措施是合理的、恰当的就足够了，因为在现实生活中，要求权利人采取的保密措施做到万无一失是不现实的，更何况多数商业秘密的使用必须为一定数量的员工或相关业务人员所掌握、使用。对管理性要求的严格程度是与该秘密的非公知性相关联的，如果该秘密通过较小的努力就可以从公知信息中归纳出来或获知，则要求只有对其采取严格的保密措施的才能被认定为商业秘密；否则，如果一个秘密很难从公有领域中获知，具有很高的类似于专利制度中的"新颖性""创造性"，则只要有适当的保密措施即可，甚至只要有将其作为商业秘密保护的表现于外的主观意愿即可。

只有满足了上述"四性"要求的技术信息和经营信息，

才是商业秘密，得到《反不正当竞争法》与《刑法》的保护。

三、非公知性认定存在的问题

在商业秘密的认定问题上，价值性、实用性和采取保密措施比较容易认定，非公知性的认定是最复杂的，也是商业秘密所有人胜诉的最大障碍。在商业秘密诉讼案件审理过程中，无论技术信息还是经营信息，都会涉及非公知性问题，对于经营信息的非公知性比较容易判断，对于涉及技术信息的商业秘密诉讼案件，判断商业秘密的非公知性是一个非常困难的问题，复杂的技术问题常常使法官感到困惑，所以研究商业秘密技术信息的非公开性认定问题尤为重要。在实践中，大多数商业秘密诉讼案件，法官都要求原告做商业秘密非公知性鉴定，否则就会驳回原告的诉讼请求。原告不得不申请非公知性鉴定，然后由人民法院出具委托书，委托鉴定机构做非公知性鉴定。由于商业秘密鉴定方面的法律法规非常不完善，商业秘密的非公知性鉴定存在严重问题。这里仅谈三点不足。

（一）商业秘密的非公知性鉴定的技术标准不统一

如前所述，不为公众所知悉是指商业秘密是处于秘密状态的，不能从公共领域直接取得，具有不公开性和秘密性。必须指出的是，商业秘密作为一种"秘密信息"，并不是绝对的，而是相对的，相对于非特定的多数人，只要该商业秘密在其应用区域内不为公众所知悉就具有秘密性。非公知性应是指现有技术没有公开技术信息。那么，什么是与商业秘密相对的现有技术？在《反不正当竞争法》《刑法》等法律法规中没有规定。能不能采用专利法上的已有技术标准？专利法上的已有技术是指在申请日以前，有同样的发明或者实用新型在国内外出版物上公开发表过，在国内公开使用或者以其他方式为公众所知，也有同样的发明或者实用新型由他人向专利局提出过申请的技术。如果商业秘密的非公知性鉴定的技术标准采用专利法上的已有技术，商业秘密的非公知性就等同于专利的新颖性，而专利的新颖性完全可以通过专利文献检索确定，就没有必要做非公知性鉴定。

（二）鉴定结论缺乏客观性

首先，鉴定人员没有一个统一标准，往往是鉴定机构自己选任商业秘密所涉及的技术领域内的专家组成鉴定委员会，由于我国没有统一的商业秘密鉴定专家库，这些专家受鉴定机构地域影响而受地域限制。这导致不同的鉴定机构对同一个技术信息会得出相反的鉴定结论，以致鉴定结论不具有客观性。

其次，鉴定机构选任鉴定人员都是商业秘密所涉及的技术领域内的专家，专家的创造性较强，在鉴定中会不自觉地利用自己的尖端技术将一个技术与另外一个或多个技术组合，这就在无意识中提高了商业秘密的非公知性的标准。

最后，鉴定日期在侵权行为发生日期之后，鉴定的时间标准应当是侵权行为发生日，但是科学技术发展非常快，在鉴定时，鉴定专家是掌握该技术领域最新技术发展的人，已经掌握商业秘密所涉及的技术领域内的最新技术，鉴定专家在鉴定时很难将侵权行为发生日之后的技术从自己的大脑中暂时忘掉，只留下这一日期之前的该领域的技术。这就会造成将侵权行为发生日之后的技术当作公知技术，从而造成对该技术的非公知性判断错误。

四、关于非公知性认定的建议

（1）鉴于非公知性鉴定存在严重不足，特别是缺乏客观性，建议在商业秘密侵权诉讼中取消非公知性鉴定。

（2）建议以国务院专利行政部门作出的新颖性检索报告作为技术信息具有非公知性的初步证据。国务院专利行政部门作出的新颖性检索报告比较客观，且国务院专利行政部门具有唯一性。

第七章 高新技术企业技术创新需要加强知识产权保护

知识产权制度是世界上通行的利用经济和法律手段推动技术进步的制度，是我国技术创新的强大推动力，在促进技术创新中具有重要作用，加强高新技术企业技术创新知识产权保护是十分必要的。

一、高新技术企业技术创新需要以知识产权制度为基础

在技术创新的准备和开发阶段，高新技术企业需要从专利文献中获取信息。专利文献是将世界各国的发明创造按专业类别和时间顺序统一标准管理的技术文件，从中能够清楚完整地获取反映发明创造实质性内容的信息，因而通过专利文献系统，可以详细了解本专业技术领域里的最新技术情报。这种宝贵的资料可以开阔设计人员的视野，避免重复开发，提高研究与开发的效率。据统计，有 90%~95% 的最新技术资料首先反

映在专利文献上，查阅专利文献可以缩短约 60% 的科研时间，节省 40% 的研究和开发费用。因此，企业的技术创新需要专利信息的指引和导向，美国人对技术创新作了一次调查，得出的结论是：不重视专利信息，凭空构思，只有 90%～95% 的方案能够成功。❶ 创新是高新技术产业发展的"灵魂"，也是一个国家和民族长盛不衰的动力。知识产权保护制度是一种推动和保障技术创新的基本制度，建立和健全知识产权保护制度是技术创新的重要机制。建立一套完整的知识产权保护制度，可以保证高新技术企业的技术创新成果不流失，并获得生产经营的独占权，及时收回投资。❷

二、知识产权保护制度促进高新
技术企业技术创新

技术创新的最终目标是经济效益和社会效益，知识产权制度有回报和激励两大功能，能够激励人们投资于技术创新。由于知识产权制度保护高新技术企业技术创新的成果，使其获得对一项技术的垄断权，获得较高的经济效益和社会效益，这将促进其继续进行技术创新，追加研究开发投资，形成良性循

---

❶　古绪鹏，陈翔.专利制度与技术创新互动性研究 [J]. 技术经济与管理研究，1998（2）：31-32.

❷　冯晓青.论高新技术产业的知识产权保护 [J]. 科技管理研究，2001（1）：49.

环，达到持续进行技术创新的目的，❶ 从而推动高新技术企业的技术创新向更高层次发展。此外，技术作为一种生产力资源，通过市场合理配置到能充分发挥其作用的领域中，促使技术创新资源的优化组合，推动技术创新水平的提高。

三、知识产权保护制度有利于提高 高新技术企业竞争力

随着科学技术的进步、高新技术企业中科技含量的增加，在日趋激烈的市场竞争中，产品中技术含量占据越来越大的比重，技术创新在高新技术企业中所处的地位日益重要，如果没有知识产权制度对高新技术企业技术的保护，高新技术企业将会在市场竞争中丧失优势。发达国家的许多企业家已认识到：企业的竞争体现在市场上，市场的竞争体现在商品上，商品的竞争体现在技术上，技术的竞争体现在知识产权保护上。企业的生存与发展，与其拥有的知识产权特别是专利的多少有极大的关系。世界上一些著名的大公司，无一不是知识产权的"大户"。❷ 就我国高新技术企业而言，技术是其生存的前提，技术保护是维持其生存的保证。只有不断进行技术创新，研制拥有自主知识产权的技术，依靠知识产权的独占性占领市场，

---

❶ 张健.高新技术企业知识产权管理制度的建立 [J]. 环渤海经济瞭望，2004（4）：24.

❷ 冯晓青.论高新技术产业的知识产权保护 [J]. 科技管理研究，2001（1）：49.

才能取得竞争优势。❶

四、知识产权保护制度对促进技术创新 成果的商品化和产业化起着重要作用

新技术的商品化和产业化是技术创新的根本目的。❷ 知识产权保护制度激励企业进行技术创新，对促进技术创新成果的商品化和产业化起着重要作用。美国、日本等发达国家纷纷制定了 21 世纪知识产权战略，利用经济和法律手段推动技术创新。知识产权制度中专利制度推动技术创新的作用最为明显。专利制度赋予专利权人在一定期限内的独占权，就是要专利权人积极将其科技成果推广应用。若专利权人在一定时期内没有实施、利用其专利技术，其不仅不能获得商业上的回报，而且其专利权也可能会受到限制，如专利实施的强制许可。另外，专利权人要维持自己的专利有效，需要每年按时向国家缴纳专利年费，并且这种费用逐年递增，这就促使专利权人积极推广应用自己的成果，去创造效益进而维护专利有效性，否则就不缴年费而予以放弃，使专利技术成为公有技术。❸

由于知识产权制度对技术创新成果权的确认和保护，有效

---

❶ 张健.高新技术企业知识产权管理制度的建立 [J]. 环渤海经济瞭望，2004（4）：24.

❷ 俞润体.专利制度在技术创新中作用的再认识 [J]. 杭州科技，2000（5）：24.

❸ 陈瑜.企业技术创新的知识产权保护 [J]. 北京理工大学学报（社会科学版），2002（2）：80.

保护创新环节连接中的知识产权利益，技术发明者都乐意看到自己的研究成果被应用、推广和传播，❶ 加上企业的获利和对发明人的回报都是在新技术商品化和产业化以后，这就要求企业和发明人都在新技术的商品化和产业化方面努力，最终加快了技术的商品化和产业化。

五、技术创新主体的权益需要知识产权制度来维护

在高科技日益发展的今天，技术创新的成果特别容易被仿冒、仿造和复制，给技术创新者造成巨大的经济损失。为了保障技术创新产品的市场流通秩序和高新技术产业竞争秩序，需要用《专利法》《反不正当竞争法》等有关知识产权法律，有力打击技术创新成果领域的假冒、剽窃、复制等侵权行为。知识产权制度对技术创新主体权益的保护体现在：根据专利法律制度的规定，专利权人对其发明创造享有一定期限的垄断权，任何人未经许可不得以营利为目的实施其发明创造，否则就要承担法律责任；对于大量的专有技术，也可以通过商业秘密法律制度加以保护；对于某些特定的工业技术，如计算机软件、半导体、集成电路图、生物技术等，也可以用相应的知识产权

---

❶ 黄跃雄，李本祥，何燕玲.技术创新体系中的专利保护问题[J].科技管理研究，2000（3）：62.

法律保护创新者的权益。❶ 如果技术创新成果离开了知识产权制度的保障，高新技术企业的技术创新权益就会因仿冒、仿造和复制等侵权行为白白流失。

六、知识产权保护对促进高新技术领域
国际合作与交流具有重要作用

我国已明确提出，发展高新技术产业的目标是要实现高新技术的商品化、产业化、国际化。知识产权保护对于促进高新技术领域国际合作与交流十分重要。在当代，高新技术领域进行国际合作已是高新技术发展的一大趋势，这方面的合作与交流除涉及技术上的可行性外，还必须考虑诸如技术成果分享、专利申请权、所有权、实施权、专有技术的保密等知识产权问题，通过知识产权保护，就能够为这些方面的国际合作与交流提供保障。❷ 有了技术交流中的知识产权保护，国外的技术才能被引进，这种国外技术的引进有可能成为我国进一步技术创新的资源；正是有了知识产权制度的保障，我国的技术创新成果在国际交往中才能得到有效保护。❸

---

❶　周翠红.民营科技企业技术创新与自主知识产权的互动性研究 [D]. 武汉：武汉大学，2006：36.

❷　冯晓青.论高新技术产业的知识产权保护 [J]. 科技管理研究，2001（1）：49.

❸　黄跃雄，李本祥，何燕玲.技术创新体系中的专利保护问题 [J]. 科技管理研究，2000（3）：63.

七、我国高新技术企业技术创新
知识产权保护的基本方式

专利保护与技术秘密保护是高新技术企业技术创新知识产权保护与管理的两种基本方式。

（一）专利保护

专利保护能够在权利要求的范围内最大限度地阻止他人使用相同技术，使专利权人获得稳定而丰厚的物质回报。申请专利保护成为当今社会任何一个企业进行技术创新首先要考虑的问题。❶ 作为创新主体的高新技术企业将技术创新成果公开，获得专利权，使权利人在法定期间享有独占权。但是，由于专利的技术方案要公开，容易造成技术创新成果的不合理扩散，而且由于专利权的取得要经过行政审查，审查时间较长，成本较高。

（二）技术秘密保护

技术秘密是与专利相并列存在的保护手段，高新技术企业对其掌握的技术创新成果，可以不申请专利，而是采用技术秘密的形式进行保护。采用技术秘密保护方式，技术信息不需要

---

❶ 李欣，梁琦.企业管理中技术保护模式的战略选择——谈专利和技术秘密的比较与结合［J］.科技进步与对策，2004（10）：120.

公开，通过自身的保护手段获取对技术创新成果在事实上的垄断，而且没有时间限制，例如，美国可口可乐的技术秘密至今仍然受保护。技术秘密权的取得不需要审查或者注册登记，技术创新成果完成当时就取得技术秘密权，获取成本较低，并且可以严格控制创新技术成果的扩散。保护技术秘密已经成为企业维护竞争优势地位的有力武器，企业界对包含技术秘密在内的商业秘密的重视也达到了前所未有的程度。❶ 但是，技术秘密权的存在完全依赖于技术创新成果的保密状态，极有可能因管理不慎泄露或其他人通过合法途径获得（如反向工程或自行研制）而被公开，由于技术秘密权不具有排他性，一旦进入公有领域，权利人的权利将不复存在。

（三）专利保护与技术秘密保护相结合

专利制度与技术秘密制度提供了两种可以交叉互补的保护机制，技术创新成果的所有人可以将技术创新成果的部分内容用专利进行保护，而将其余部分内容利用商业秘密进行保护。这种保护方式利用了专利保护与技术秘密保护的优点，弥补了二者的不足，权利人既能有效地控制技术创新成果的扩散和使用，又能获取较长的保护期限。

技术秘密制度和专利制度都是为了保护技术创新成果所有人的利益，是采取专利保护还是技术秘密保护，或者两者相结

---

❶ 李欣，梁琦.企业管理中技术保护模式的战略选择——谈专利和技术秘密的比较与结合［J］.科技进步与对策，2004（10）：120.

合，要综合考虑技术水平、技术获取手段、技术的生命周期、权利的排他性、保护成本、保护期限、技术在企业内部被知悉的程度以及企业自身的保密能力等因素，充分利用其各自的优势，采用合适的保护方案和手段，才能使技术创新成果获得最为可靠的保护。

第八章 生物技术企业生物知识产权创造体系研究——以山东省为例

生物产业是 21 世纪创新最为活跃、影响最为深远的高新技术新兴产业，是最有生命力的经济增长链，是中国战略性新兴产业的主攻方向，对于中国抢占新一轮科技革命和产业革命制高点，加快壮大新产业、发展新经济、培育新动能，建设"健康中国"具有重要意义。新中国成立后，经过几十年的努力，我国生物技术及其产业取得了一定的发展，在基因工程、生物制药、克隆技术等方面都拥有世界领先技术。但是，我国的生物技术，特别是生物技术产业化，与发达国家相比还存在明显差距，主要体现在：基础薄弱，缺乏国家战略措施；科研计划各行其是，缺乏协调配合；科研力量比较分散，缺乏一盘棋的思想。2007 年 4 月，国务院正式发布的《生物产业发展"十一五"规划》指出，要加快建立起比较健全的生物产业技术创新体系、政策法规体系、产业组织体系、生物安全保障体系和行业服务体系。2016 年 12 月，国务院正式发布的《"十三五"生物产业发展规划》提出，以临床价值为核心，在治疗适应症与新靶点验证、临床前与临床试验、产品设计优化与产业化等全程进行精准监管，提供安全有效的数据信息，实现药物精准研发。以个人基因组信息为基础，结合蛋白质组、代谢组等相关内环境信息，整合不同数据层面的生物学信息库，利用基因测序、影像、大数据分析等手段，在产前胎儿罕见病筛查、肿瘤、遗传性疾病等方面实现精准的预防、诊断和治疗。对特定患者量身设计最佳诊疗方案，在正确的时间、给予正确的药物、使用正确的剂量和给药途径，达到个体化治疗的目的。规划还提出，建设基因技术服务中心。为促进基因技术推广应用，构建新的健康医疗支撑体系，增强我国防病、治病的保障能力，根据地域特点，体现政策引导，依托有资质的医疗机构、创新能力较强的研发机构和先进生产企业，通过网络化布局，在全国各省（区、市）建设至少 1 家基因技术应用示范中心，形成覆盖广、服务能力强的基因技术应用示范网络，全面、快速推进基因技术普惠民众。基因技术应用示范中心以高通量基因测序、质谱、医学影像、基因编辑、生物合成等技术为主，重点开展出生缺陷基因筛查、诊治、肿瘤早期筛查及用药指导，传染病与病原微生物检测，新生儿基因身份证应用，使我国初步实现基因技术服务能力全面覆盖，为个体化医疗奠定坚实基础。

2020 年山东省新增高新技术企业 3157 家，总量达到 1.46 万家，增长 27.5%。高新技术产业产值占规模以上工业产值比重为 45.1%，比上年提高 5.0 个百分点。十强产业中，新一代信息技术制造业、新能源新材料、高端装备等增加值分别增长

14.5%、19.6%和9.0%，依次高于规模以上工业9.5、14.6和4.0个百分点。高技术制造业增加值增长9.8%，高于规模以上工业4.8个百分点。光电子器件、服务器、半导体分立器件、碳纤维、工业机器人等高端智能产品产量分别增长24.8%、35.3%、15.5%、129.5%和24.9%。软件业务收入5848.5亿元，增长12.4%；软件业务出口15.8亿美元，下降1.0%。海洋强省建设取得重要进展。海洋新兴产业加快培养，推动成立省海洋生物医药产业投资基金，国家一类抗肿瘤海洋新药BG136即将进入临床。建成海水淡化工程31个，日产能达35.9万吨。海洋传统产业转型升级，新增国家级海洋牧场示范区10处，累计达到54处，占全国的39.7%；新增省级海洋牧场示范创建项目14个。港口资源深化整合，沿海港口集装箱吞吐量3191万标箱，比上年增长6.0%，总量居全国第2位。海洋科技创新引领发展，省级海洋工程技术协同创新中心107家，省级以上海洋科技创新平台132家，"透明海洋""蓝色药库""超高速高压水动力平台"等纳入国家重大项目。❶

山东省一直高度关注科技进步对经济发展的重要拉动作用，具备发展生物技术产业的良好基础和条件。山东省早已把生物技术产业作为重要支柱产业列入发展规划和中长期科技发展规划。通过政府引导、市场运作，加快建立以生物科技企业为主体、产学研结合的生物知识产权创造体系，推动生物技术产业的跨越发展，对提高经济运行质量、提升山东省经济实

---

❶ 2020年山东省国民经济和社会发展统计公报［R］. 2020.

力、实现生产力跨越发展和质的飞跃具有十分重要的现实意义与深远影响。

一、我国生物产业发展的基本状况

我国生物经济具备良好的发展基础。2013 年以来，在以中共中央总书记习近平同志为核心的党中央坚强领导下，我国生物产业政策供给体系逐步完善，生物基础研究和技术创新不断取得突破，基因编辑、精准医疗、生物制造等新业态模式层出不穷，生物产业备受资本市场青睐，生物经济呈现良好发展态势。据统计，2020 年，医药制造业利润总额增长超 12%；在生物制造和生物能源方面，生物制造体量进一步扩大，现代生物发酵产品年产量超过 3000 万吨，占据全球 70% 以上的市场份额。同时，我国生物产业发展大而不强，关键核心技术和成品装备、科技创新支撑平台体系等方面的短板和弱项凸显。

（一）生物医药产业规模不断扩大

我国生物医药产业发展指数从 2018 年的 6727 增长到 2020 年的 11 966，增幅达到 77.88%。我国生物医药产业市场规模从 2015 年的 49 985 亿元增加到 2020 年的 87 306 亿元，每年平均增幅将近 15%。我国生物医药企业数量快速增加，从 2018 年的 2 731 594 家企业增加到 2020 年的 4 195 646 家企业。大量的社会资本及国有资金进到生物医药企业创新过程中，成为我国生物医药产业的重要推动力，2020 年我国生物医药产业披露的融资金额达到 2079 亿元。

2020 年，我国生物医药产业重点成分城市经济实力整体提高，但发展不平衡。产业规模和效益方面，2020 年北京医药制造业实现产值 1142.7 亿元，规模处于全国第 1 位，增速位列中游；2020 年北京企业总量全国第 1 位，企业实力强劲，生物医药企业数量、医药制造业规模以上企业数量、医药工业百强企业数量、上市企业数量、独角兽企业数量、上市企业总市值均位列全国第 1，上市公司主营业务收入位列全国第 2。2020 年深圳产值规模居中，但上市公司总市值和上市公司营收位列全国第 1 位，企业实力雄厚。济南产值规模待突破，2020 年济南医药制造业实现产值 7.07 亿元，规模处于全国第 20 位，企业总量处全国中下游，企业经济实力有待提升，医药制造业规模以上企业数量位列全国第 20 位。创新产品和能力方面，北京生物医药企业研发实力强，2020 年北京发明专利授权数量、药物临床试验数量、国家药品监督管理局药品评审中心受理 1/2 类新药数量、国产药品获批数量、1 类新药数量、上市二/三类医疗器械数量均位列全国第 1；通过仿制药一致性评价品种数量位列全国第 2；融资总额位列全国第 1。2020 年上海国内发明专利授权数量、上市二/三类医疗器械数量、药物临床试验数量和国家药品监督管理局药品评审中心受理 1/2 类新药总数、国家 1 类新药证书数量均位列全国第 2；通过仿制药一致性评价品种数量位列全国第 4；融资总额位列全国第 2。从发展增速来看，济南、重庆、连云港、哈尔滨等

城市发展放缓。❶

（二）生物农业领域具有竞争优势，产业化前景广阔

国际农业生物技术应用服务组织（ISAAA）报告显示，自1996年转基因作物商业化以来，至2019年底已累计种植27亿公顷。2019年全球转基因作物种植面积达1.904亿公顷，比2018年减少了13万公顷。其中转基因大豆、玉米、棉花和油菜的种植面积分别为9190万公顷、6090万公顷、2570万公顷和1010万公顷。全球有29个国家种植转基因作物。其中，种植面积居前5位的国家分别是美国、巴西、阿根廷、加拿大和印度，种植面积分别为7150万公顷、5280万公顷、2400万公顷、1250万公顷和1190万公顷，种植总面积为1.727亿公顷，占全球种植面积的91%。全球新型转基因产品研发多样化，除玉米、大豆、棉花和油菜，还包括苜蓿、甜菜、甘蔗、木瓜、红花、土豆、茄子、南瓜、苹果和菠萝等。抗虫和耐除草剂复合性状转基因作物增加6%，占全球生物技术作物种植面积的45%。转基因作物的推广应用产生了巨大社会和经济效益，1996—2018年农药使用减少8.3%，产量增加8.22亿吨，

---

❶ 国家发展和改革委员会创新和高技术发展司，中国生物工程学会.中国生物产业发展报告2020—2021［M］.北京：化学工业出版社，2021：5-20.

经济效益达 2249 亿美元。❶

在生物农业方面，我国从技术研发到产业化都具有一定的比较优势和竞争优势。我国目前主要产品是转基因抗虫棉花和抗病毒木瓜，2019 年种植面积约 320 公顷。在基因挖掘方面，克隆了抗赤霉病主效基因 Fhb7，揭示了其抗病分子机理和遗传机理，并成功应用于小麦育种；发现水稻产量和氮肥利用效率协同调控新机制；解析了国内外现代玉米选育过程中的"育种选择指纹"，描绘出现代玉米改良的足迹；完成了 26 份代表性大豆基因组组装，构建了广泛基因组图谱，极大地促进了大豆的进化和功能基因组学研究。在技术研发方面，建立了基于靶向差异 sgRNAs 的代理报告系统；研发出"一步法"玉米杂交制种新技术；创新地提出了单碱基编辑技术介导的水稻内源靶标基因的定向进化技术理念；基于 Cas9 nickase（nCas9）核酸酶开发了一个名为单系统产生的同时多重编辑系统。"利用基因编辑技术实现杂交稻自留种"等成果入选 2020 中国农业科学重大进展。产品研发方面，培育的具有自主知识产权的抗虫耐除草剂转基因玉米和耐除草剂大豆，综合农艺性状优良，达到品种审定标准。北京大北生物技术有限公司研发的抗虫耐除草剂玉米"DBN9936"、耐除草剂玉米"DBN9858"和杭州瑞丰生物科技有限公司、浙江大学研发的抗虫耐除草剂玉米"瑞丰 12-5"获得农业转基因生物安全证

---

❶　国家发展和改革委员会创新和高技术发展司，中国生物工程学会.中国生物产业发展报告 2020—2021［M］.北京：化学工业出版社，2021：92-95.

书，中国农业科学院作物科学研究所研发的耐除草剂大豆"中黄 6106"和上海交通大学研发的耐除草剂大豆"SHZD3201"获得农业转基因生物安全证书，开辟了自主培育转基因抗虫耐除草剂玉米、耐除草剂大豆的道路，填补了国内空白，奠定了生物种业发展的坚实基础。

（三）生物能源发展迅速，有待进一步推广应用

在能源短缺和环境压力的大背景下，可持续、绿色低碳发展已成为全球实现经济和社会发展的新模式。英国、日本、韩国等多个国家已经承诺到 2050 年实现碳中和。美国政府也宣布了同样的目标，中国承诺在 2060 年前达到这一目标，这意味着占全球二氧化碳排放量 65% 以上、占全球经济 70% 以上的国家都作出了碳中和承诺，这为包括生物能源在内的清洁能源的大力发展提供了广阔的空间。国际能源署（IEA）在其发布的《2020 年可再生能源：2020～2023 年市场分析和预测》中指出，未来生物能源将成为全球增长最快的可再生能源。

以燃料乙醇、生物柴油、生物沼气及生物质气化或液化产品为主要代表的生物能源，已成为可再生能源发展战略的重要组成部分，在世界多个国家得到了快速发展。国际能源署发布《2018 年可再生能源年度报告》，指出，2017 年全球可再生能源的一半来自生物能源，生物能源提供的数量是风能加太阳能之和的 4 倍，未来 5 年可再生能源增量的 40% 将

来自生物能源。欧美等发达国家的生物质能源已是成熟产业，以生物质为燃料的热电联产甚至成为主要发电和供热手段。以美国、瑞典和奥地利三国为例，生物质转化为高品位能源分别占该国一次能源消耗量的 4%、16% 和 10%。根据世界生物能源协会（WBA）2019 年发布的全球生物能源产量分布统计数据，美洲（美国和巴西）在液体生物能源方面所占份额最高，占全球总供应量的 70% 以上。欧洲在沼气供应方面处于领先地位，占全球供应量的 50% 以上。由于焚烧、气化等垃圾焚烧发电技术的应用，欧洲城市垃圾产生的生物能源供应量居世界首位。生物能源产业发展较好的国家和地区如美国、巴西、欧盟等均制定了生物能源规划以促进生物能源的进一步发展。欧盟《可再生能源指令》要求，到 2020 年每个成员必须保证交通领域中生物燃料利用量达到总燃料消费量的 10%。2020 年 9 月，欧盟发布《2030 年气候目标计划》提案，将 2030 年温室气体减排目标由原有的 40% 提升至 55%，要求 2050 年实现存量汽车基本零排放，将 2030 年可再生能源占比目标从 32% 以上提升至 38%～40%；2020 年 10 月，欧洲议会投票通过该提案，并将碳减排目标继续提高至 60%。2020 年 12 月 4 日，英国首相约翰逊宣布新的国家自主贡献（NDC）目标，到 2030 年英国的排放量比 1990 年的水平至少减少 68%，比此前承诺的 53% 减排量大幅度提高。可见，为实现《巴黎协定》关于升温控制在 1.5℃内以及全球面临的环境问题大背景下，全球越来越多的国家均在陆续制定有关政策法规以促进包括生物能源在内的可再生能源的大力发展。

中国倍加重视能源结构的调整和包括生物能源在内的清洁能源的发展。从消费占比来看，2020 年我国煤炭、石油和清洁能源消费的比重分别为 60.4%、18.8% 和 20.8%，而在 2019 年这三大能源类型的消费占比分别为 68.5%、22.0% 和 9.5%。煤炭消费占比下滑了 8.1 个百分点，石油消费占比下滑 3.2 个百分点，而清洁能源则提升了 11.3 个百分点。从增长的比例来看，我国天然气的占比最大，而以水电、风电、核电和生物质发电为主导的可再生能源在近 10 年得到快速发展。专家测算，2019—2060 年，中国能源消费中，化石能源在能源中的占比将从 85% 降到 13%，核能从 2% 上升到 19%，可再生能源从 5% 上升到 53%。生物能源是最大的可再生能源，是最具可持续发展潜力的石油替代选择之一，是引领未来运输业发展的驱动力。我国国家领导人在 2020 年 9 月联合国大会上表示，中国二氧化碳排放力争于 2030 年前达到峰值，努力争取 2060 年前实现碳中和。根据统计，目前中国净碳排放约 100 亿吨/年，位居世界第一，而碳中和意味着碳排放和碳汇（指植物吸收二氧化碳和人工捕捉二氧化碳）相等。按照目前的技术水平，我国碳汇总量预计约 15 亿吨/年，以此为基础计算，则意味着未来碳排放量需要比目前减少 85% 才能实现碳中和，这将是今后我国在社会责任领域最大的挑战之一。为了实现碳达峰和碳中和的目标，除了依靠科技进步和市场力量发挥资源配置作用之外，政府已经在逐步出台相应的绿色金融政策，形成刚性约束，倒逼资源从高污染、高耗能、高碳行业配置到绿色、低碳、无碳的行业。目前我国已成为全球最大的绿色债券发行国，绿色信贷规模超过 10 万亿人民币，未来完善的碳交易市场将成为与股票、债券、外汇、商品一样的重要的市场，碳排放将成为生产要素中的重要部分。可以预见，未来各种举措的落实将极大推动我国包括生物能源在内的清洁能源的发展。

从具体的生物能源产品来看，除了生物质发电和生物沼气外，以燃料乙醇、生物柴油为代表的液体车用生物能源仍然具有重大发展前景。全球燃料乙醇产量约 8000 万吨，美国和巴西是最主要的燃料乙醇生产国。燃料乙醇已替代了巴西国内 50%的汽油，是世界上唯一不供应纯汽油的国家。我国 2017 年国家发展改革委、国家能源局、财政部等十五部门联合印发了《关于扩大生物燃料乙醇生产和推广使用车用乙醇汽油的实施方案》，到 2020 年，在全国范围内推广使用车用乙醇汽油，基本实现全覆盖。进一步发展 "不与人争粮，不与粮争地"、以秸秆等为原料的纤维素乙醇具有重要发展潜力。除了燃料乙醇外，生物柴油作为一种减排效果突出的清洁能源在世界多个国家也得到了快速发展。全球生物柴油产业经过大约 20 年的发展，年产量超过 4000 万吨，欧美等国家都保持了对生物柴油的旺盛需求，同时马来西亚、印度尼西亚、巴西等主要生产国在近期纷纷大幅度提高生物柴油强制添加比例，可以预见在经历新冠肺炎疫情的短暂冲击后，尤其是以非食用油脂为原料、更加绿色环保的制备技术将促进生物柴油产业迎来新一波快速发展。另外，氢能以其能量密度高、放热效率高、燃烧性能好、清洁无污染等优点目前也备受各国关注。[1]

（四）我国动物疫苗研发和创新能力逐步提升

从国内看，兽用疫苗向多价疫苗、多联疫苗发展，多价疫苗、多联疫苗可以减少畜禽接种疫苗的次数，实现"一针多防"，提高疫苗的接种效率，同时还减少了疫苗运输、存放、接种的成本，可以为畜禽养殖企业或者养殖户减轻负担。因此，多联多价疫苗已引起市场的重点关注，兽用疫苗企业均加大了多联多价疫苗的研发力度。基因工程疫苗成为行业发展重点，基因工程疫苗具有安全性良好、产品质量均一、适合开发多价疫苗和多联疫苗等优势。我国畜禽养殖规模位居世界前列，安全高效的疫苗需求旺盛，因此基因工程疫苗的应用具有广阔的市场空间。随着基因工程疫苗免疫效力的进一步提升、生产成本的下降，基因工程疫苗势必成为未来兽用疫苗的主要发展方向。从国际上看，兽用疫苗的研发方向将经济增长的新兴国家视为高潜力市场。目前，几乎每个全球大企业都拥有自己的研发团队，努力研发出更新更好的疫苗产品，以应对疫苗的需求正在不断增长的趋势。[2]

---

[1]　国家发展和改革委员会创新和高技术发展司，中国生物工程学会.中国生物产业发展报告 2020—2021 ［M］. 北京：化学工业出版社，2021：127–129.

[2]　国家发展和改革委员会创新和高技术发展司，中国生物工程学会.中国生物产业发展报告 2020—2021 ［M］. 北京：化学工业出版社，2021：113–114.

二、山东省生物知识产权创造的资源
基础和基本状况

（一）生物资源和海洋资源丰富

1. 动植物资源

山东生物资源种类多、数量大。境内有各种植物 3100 余种，其中野生经济植物 645 种。树木 600 多种，分属 74 种 209 属，以北温带针、阔叶树种为主。各种果树 90 种，分属 16 科 34 属，山东因此被称为"北方落叶果树的王国"。中药材 800 多种，其中植物类 700 多种。山东是全国粮食作物和经济作物重点产区，素有"粮棉油之库，水果水产之乡"之称。小麦、玉米、地瓜、大豆、谷子、高粱、棉花、花生、烤烟、麻类产量都很大，在全国占有重要地位。陆栖野生脊椎动物 500 种，其中，兽类 73 种，鸟类 406 种（含亚种），爬行类 28 种，两栖类 10 种。陆栖无脊椎动物特别是昆虫种类繁多，居全国同类物种之首。在山东境内的动物中，属国家一类、二类保护的珍稀动物有 71 种，其中国家一类保护动物有 16 种。❶

2. 海洋资源

山东海洋资源得天独厚，近海海域占渤海和黄海总面积的

---

❶　山东省人民政府网．［EB/OL］．［2021 - 09 - 13］．http：//www.shandong.gov.cn/art/2019/10/15/art_98093-206404.html.

37%，滩涂面积占全国的 15%。近海栖息和洄游的鱼虾类达 260 多种，鱼类资源有 79 种，隶属于 13 目 39 科 70 属。经济价值较高的鱼类 28 种，占鱼类数的 35.4%；一般经济鱼类 41 种，占 51.9%；经济价值较低的鱼类 10 种，占 12.7%。经济价值较高、有一定产量的虾蟹类近 20 种，浅海滩涂贝类百种以上，经济价值较高的有 20 余种。中国对虾、扇贝、皱纹盘鲍、刺参等海珍品的产量均居全国首位。有藻类 131 种，经济价值较高的近 50 种，其中，海带、裙带菜、石花菜为重要的养殖品种。山东是全国四大海盐产地之一，丰富的地下卤水资源为山东盐业、盐化工业的发展提供了得天独厚的条件。此外，山东还有可供养殖的内陆水域面积 26.7 万公顷，淡水植物 40 多种，淡水鱼虾类 70 多种，其中主要经济鱼虾类 20 多种。❶

（二）山东科技教育力量雄厚，人才相对富集

目前，在生物技术领域，有山东大学、山东师范大学、山东农业大学、中国海洋大学、山东中医药大学、青岛大学、青岛农业大学、山东轻工业学院等高校，山东高等院校每年可以培养大量的生物技术及相关专业本专科生、硕士、博士。现有山东省科学院生物研究所、山东省农科院、山东第一医科大学、山东省中医药研究院、中国科学院海洋研究所等省级以上

---

❶ 山东省人民政府网. [EB/OL]. [2021-09-13]. http://www.shandong.gov.cn/art/2019/10/15/art_98093206404.html.

生物技术研发机构。现有从事生物技术研究开发的科技人员积聚了我国海洋生物等顶级人才队伍和科研机构。这为山东生物知识产权创造提供了有力的人才保障。

（三）山东省生物技术产业发展历史悠久，是我国生物技术产业的重要基地之一

随着社会主义市场经济的不断发展，山东省的社会生产力、综合经济实力和人民生活水平都显著提高，山东以重点高等院校和科研院所为主体的生物知识产权创造得到了较好发展。2020年山东省农林牧渔业总产值10 190.6亿元，按可比价格计算，比上年增长3.0%，成为全国首个突破万亿元省份。粮食总产量1089.4亿斤，增加18.0亿斤，连续7年过千亿斤。2020年，山东省获得无公害农产品、绿色食品、有机农产品和农产品地理标志产品10 275个，增长1.6%。2020年，山东省林地面积356.4万公顷，森林覆盖率18.25%，活立木总蓄积量13 040.5万立方米。2020年，山东省猪牛羊禽肉产量721.8万吨，比上年增长3.3%；禽蛋产量（不含小品种）480.9万吨，增长6.8%；牛奶产量241.4万吨，增长5.9%；水产品总产量（不含远洋渔业产量）790.2万吨，其中，海水产品产量679.5万吨，淡水产品产量110.7万吨。2020年末专业远洋渔船546艘。2020年，山东省开工建设45项抗旱水源工程，其中已完成11项；积极供水抗旱，累计受益农田面积超过3000万亩；启动引黄灌区农业节水工程72项，完成投资161亿元。2020年，山东省新增国家级渔业健康养殖示范县2

个，新增国家级、省级水产健康养殖示范场 44 家和 81 家，省级以上示范场总数达 528 家。2020 年，山东省农作物耕种收综合机械化率达到 89.0%，主要农作物良种覆盖率超过 98%，畜禽粪污综合利用率达到 90.1%。❶ 山东省生物专利申请、授权量位居全国前列，农作物新品种创造成绩显著。

三、构建山东省生物知识产权创造体系的指导思想和基本原则

生物知识产权创造必须坚持以习近平新时代中国特色社会主义思想为指导。这是知识产权强国建设的总遵循、总指针。要把握新发展阶段，贯彻新发展理念，构建新发展格局，深刻认识加强知识产权保护是完善产权保护制度最重要的内容和提高中国经济竞争力最大的激励，建设制度完善、保护严格、运行高效、服务便捷、文化自觉、开放共赢的知识产权强国，为建设创新型国家和社会主义现代化强国提供坚实保障。要坚持改革驱动、质量引领，更好发挥知识产权制度激励创新的基本保障作用，为高质量发展提供源源不断的动力。要坚持聚焦重点、统筹协调，推动知识产权与经济、科技、文化、社会等各方面深度融合发展。生物知识产权创造要以体制创新和技术创新为动力，营造良好发展环境，充分发挥山东省生物资源优势和技术优势，努力实现关键技术和重要产品研制的新突破，使

---

❶ 2020 年山东省国民经济和社会发展统计公报［R］. 2020.

生物产业成为增长速度快、质量效益好、带动效应强的战略性新兴产业。推进山东省生物知识产权创造体系建设必须坚持"自主创新、国际合作，重点突破、集聚发展，市场主导、政府推动"的基本原则。

四、山东省生物知识产权创造体系框架

生物知识产权创造体系主要包括主导体系、协同体系、服务体系和支持体系四个子系统。山东省生物知识产权创造体系建设要坚持以企业为主体，充分运用市场机制，促进企业、大学、科研院所在科技创新中的合作与互动，加快山东生物高新技术产业化和运用高新技术改造提升传统生物产业的步伐。为此，要加快建立以企业为主体的生物知识产权创造主导体系；以政府、产学研合作为纽带的生物知识产权创造协同体系；以城市为依托面向企业特别是中小企业的生物知识产权创造服务体系；以营造优良政策法规和投资环境为特征的生物知识产权创造环境支持体系。

（一）生物知识产权创造主导体系

我国长期以来创新主体都是由政府充当，企业一直处于从属地位，是典型的政府主导型技术创新体系，国家经费投入较企业投入要多，一般所占的比例都在 50% 以上。而经费的主要使用者是隶属于政府的科研机构，这些机构数目庞大、人员繁多、远离市场，研究成果很难实现商品化，使得国家投资效率低下。而企业主导型技术创新体系更有利于技术创新资源的合理配置，更有利于我国技术进步和宏观经济发展，更有利于政府调动企业从事重大创新项目或公益项目，推动企业技术进步，提高企业竞争力。为改变我国技术创新投资效率低下的现状，必须从体制上进行改革，切实转变政府职能，按照"有所为，有所不为"的方针，使政府职能从直接组织技术创新活动为主，转向宏观调控、创造条件和环境、制定法律法规、提供政策指导和服务、促进产学研三者合作为主，真正使企业成为技术创新的投资主体、利益主体、风险主体、研究开发主体和决策主体。2006 年 9 月，胡锦涛同志在全国科技大会上指出，要建设以企业为主体、市场为导向、产学研相结合的技术创新体系，使企业真正成为研究开发投入的主体、技术创新活动的主体和创新成果应用的主体，全面提升企业的自主创新能力。党的十八大以来，我国知识产权事业不断发展，走出了一条中国特色知识产权发展之路。2020 年 11 月 30 日，中共中央总书记习近平同志在第十九届中央政治局第二十五次集体学习时指出，知识产权保护工作关系国家治理体系和治理能力现代化，关系高质量发展，关系人民生活幸福，关系国家对外开放大局，关系国家安全。全面建设社会主义现代化国家，必须从国家战略高度和进入新发展阶段要求出发，全面加强知识产权保护工作，促进建设现代化经济体系，激发全社会创新活力，推动构建新发展格局。加强知识产权保护。这是完善产权保护制度最重要的内容，也是提高中国经济竞争力最大的激励。对此，外资企业有要求，中国企业更有要求。要综合运用法律、行政、经济、技术、社会治理等多种手段，从审查授权、行政执法、司法保护、仲裁调解、行业自律、公民诚信等环节完善保护体系，加强协同配合，构建大保护工作格局。要打通知识产权创造、运用、保护、管理、服务全链条，健全知识产权综合管理体制，增强系统保护能力。要加强知识产权保护，积极实行以增加知识价值为导向的分配政策，包括提高科研人员成果转化收益分享比例，探索对创新人才实行股权、期权、分红等激励措施，让他们各得其所。生物知识产权创造是一项与市场密切相关的活动，生物技术企业作为市场活动的主体同样扮演着生物知识产权创造活动主体的角色，生物技术企业会在市场机制的激励下从事生物知识产权创造。生物技术企业对生物知识产权创造活动具有天然的动力，频繁创新的企业在市场竞争中能够较持久地维持其在某种程度上的垄断优势。构建与完善生物知识产权创造体系必须确立生物技术企业的生物知识产权创造主体地位及建立生物技术企业内生物知识产权创造体系，紧紧围绕专业化分工，充分利用山东的生物科技资源和区位优势，提高企业的生物知识产权创造能力。通过有效的政策措施，推动企业在建立现代企业制度的基础上，根据自身的不同规模与特点，建立健全以生物技术中心为主要方式的企业生物知识产权创造体系和运行机制。同时加强对企业生物技术中心建设的政策支持和指导，引导企业加大对生物知识产权创造和研究开发的投入，使研究开发经费支出占销售总额的比例不断提高。与此同时，营造相应的法律环境，在相关企业法律制度中，明确把建立健全企业内生物知识产权创造体系作为建立现代企业制度的重要内容，从而从法律的高度确定生物技术企业的生物知识产权创造主体地位。

（二） 生物知识产权创造协同体系

生物技术企业的生物知识产权创造与生物技术企业能够掌握的高水平科学技术成果密不可分，生物技术企业要想拥有先进技术，就必须加强技术源建设，只有这样才能源源不断地为企业生物知识产权创造提供具有广阔市场前景的科研成果，而这些科研成果往往来自高校和科研院所。生物知识产权创造体系的构成要素包括企业、科研院所、高等院校、政府部门和其他教育培训机构、中介机构等。随着竞争的国际化、网络化，各个研发主体的孤军作战越来越难以应对日趋激烈的竞争，加强企业、科研机构、高等院校和政府之间的合作已是大势所趋。因此，我国建立企业主导型生物知识产权创造体系，首先需要理顺政府与企业之间、企业与科研机构和高等院校之间、企业与企业之间的关系。在企业生物知识产权创造的初期，要充分发挥政府的作用，整合各种生物科技资源和社会资源，建立以企业、大学、科研院所为纽带的生物知识产权创造协同体系。鼓励企业与高等院校、科研院所开展联合研究、委托开发、成果转化等多种形式的产学研联合，并努力推动社会力量以多种形式为生物技术企业生物知识产权创造服务。此外，还要组织协调好省内的相关高等院校、科研院所的科研力量，跟踪国际前沿最新的生物技术以及相关理论的发展动态，进行应用的前期研究。

（三）生物知识产权创造服务体系

加入世界贸易组织后，我国生物技术企业的生物知识产权创造面临着新的障碍。如企业知识产权意识淡薄；生物知识产权创造体系尚未完全建立；生物知识产权创造能力不足；生物知识产权创造将受人力资源快速流动的制约；生物知识产权创造受到信息化、网络化的挑战等。在这个过程中，生物知识产权创造服务体系为企业解决了其中的很多问题。美国、日本、英国等发达国家都建立了完善的生物知识产权创造服务体系。发达国家的实践经验表明，完善的社会化服务体系，在生物知识产权创造中起着重要的衔接与整合作用，有力地促进了生物知识产权创造效率的提高。但是生物知识产权创造的社会化服务体系建设，不能仅靠政府推动和企业自身的条件，必须调动全社会的力量，广泛组织社会资源进行建设。

构建山东省生物知识产权创造体系，必须加强对社会化生物知识产权创造服务中介机构的建设。充分发挥中介机构和组织的技术服务作用，建立以民间机构和组织为主的生物知识产权创造服务体系，集成技术创新资源，提高资源配置效率。在生物知识产权创造社会服务体系建设方面，山东省要有大的突破，依据整合资源、加强合作、提高水平、培养骨干的方针，按照山东省产业经济结构特点和发展规划，建成和完善山东省生产力促进中心、科技创业服务中心、科技情报信息咨询机构、科技信息网络中心、技术市场以及其他有关专业咨询服务机构等为主体的生物知识产权创造服务体系建设。

（四） 生物知识产权创造环境支持体系

生物知识产权创造体系是处于各种复杂环境中的系统，生物知识产权创造受到环境的制约，生物知识产权创造支持体系对生物知识产权创造的支持程度决定着生物知识产权创造活动。生物知识产权创造环境支持体系主要包括制度环境、政策环境、市场环境、法治环境、教育培训环境、情报信息与服务环境、基础研究与应用研究环境等。

五、山东省生物知识产权创造体系 组成部门

山东省生物知识产权创造体系组成部门表现为多元化。生物技术企业、高校、科研机构、政府、中介机构作为山东省生物知识产权创造活动部门，既相互分工，又相互协调，在山东省生物知识产权创造体系运行过程中充当不同角色，发挥各自特有的功能。

（一） 生物技术企业

尽管高校和科研机构发挥了生物知识创造和技术创新源的作用，但在山东生物知识产权创造体系中，生物技术企业是主体。因为企业直接将研究与开发的成果转化为商品，企业直接面向市场，又通过市场有效引导研究与开发方向。生物技术企业是生物知识产权创造的主体，主要表现为企业是生物知识产

权创造投资的主体、研发的主体以及生物知识产权创造利益分配的主体。其中，企业作为利益分配的主体，意味着企业有权对其收入进行自主的分配。这也是企业进行生物知识产权创造的重要激励机制。在生物科技迅猛发展、生物技术企业生产技术不断更新、生物产品不断更新换代的情况下，生物技术企业生物知识产权创造能力的强弱直接关系到企业是否具有活力。当然，生物技术企业要成为生物知识产权创造主体需要具备以下条件：第一，企业的制度安排具有追求生物知识产权创造的内在推动力；第二，生物技术产业已经形成竞争的市场结构、竞争机制；第三，具有追求生物知识产权创造的企业家和经营管理团队；第四，企业拥有一定实力的研究与开发力量和组织；第五，企业具有自我积累和外部融资能力。从总体上看，山东省的生物技术企业作为生物知识产权创造的主体地位正在逐步确立，但大多数生物技术企业仍然存在缺乏创新的内在动力、资金投入不足和机构不健全等问题。

（二）高校和科研机构

高校主要是培养人才和进行科研的中心，科研机构主要是从事技术开发和新产品研制的基地。在这个生物科技迅猛发展的时代，高校和科研机构发挥着非常重要的作用。高校和科研机构的研究开发活动是生物技术企业生物知识产权创造活动中知识和技术的源泉。面对生物技术变化加快和产品周期缩短的现象，企业如果还是仅靠自己的知识和资源，是不能适应瞬息万变的市场的。企业通过与高校和科研机构的合作交流，通过参加以它们为基础的合作项目来支持基础性应用研究。

高校和科研机构的服务功能有力地促进了生物技术企业的发展。一方面，高校和科研机构通过建立自己的科技园，承担起企业"孵化器"作用。科技园的建立，使学校的生物科技人员可以依托学校的科研条件、教研兼顾，促进企业与高校和科研机构之间知识的相互融合，向生物技术企业输送科技成果，促进企业发展。另一方面，高校和科研机构还能直接衍生生物技术企业。高校和科研机构通过转化生物科技成果，直接衍生出生物技术企业。例如，北京大学诞生了生物工程集团。❶ 正是高校和科研机构直接与企业合作，使知识得到重新组合，技术不断扩散，产生了更多的生物知识产权创造机会。

（三）政　　府

政府对生物知识产权创造的作用是非常重要的。政府不仅要承担涉及国家创新源泉和后劲的基础科学研究，还要在庞大复杂的生物知识产权创造体系中担当起政策引导、财政支持和社会导向的重任，努力建设、完善国家和地方生物知识产权创造体系。政府在生物知识产权创造的整个过程中始终扮演着引导者和协调者的角色，整个生物知识产权创造体系的正常运行就是依靠政府进行维持和调控的，但是作为中央政府和地方政府在具体的引导和协调过程中的作用是有所区别的。中央政府

---

❶ 李国强，王剑平，李学林.科技创新集成体系构建及运营模式［M］.北京：中国农业科学技术出版社，2007：158-159.

根据整个国家的发展规划和部署对生物知识产权创造活动进行政策性、法律性的引导和协调；而地方政府更多的是在国家整体发展思路的指引下，根据本地区的实际特点，制定发展规划、确定发展重点，对生物知识产权创造活动开展地方性的引导和协调。

1. 中央政府对生物知识产权创造活动的支撑作用

中央政府对生物知识产权创造活动的支持主要集中在产业政策、财政政策、金融政策以及法律体系等宏观层面。

（1）产业政策方面。中央政府通过对国内外产业发展进行总体评估，针对国家经济和产业发展的不同阶段，有针对性地制定相应的总体产业政策。产业政策的制定要具有整体性、合理性、前瞻性，科学的产业政策的出台能够为整个国家今后的产业发展指明方向，在很大程度上能够稳定投资创业者的信心，提高生物知识产权创造的持久动力。凡是在政策允许范围内的，符合国家整体产业发展战略的生物知识产权创造活动都要给予政策上的大力支持。

（2）财政政策方面。国家创新体系的建设离不开政府直接投资、财政转移支付和税收政策支持。政府直接投资能解决重大科研项目高投入、高风险的问题，加速知识的传播与扩散、科技商品化；财政转移支付能够解决研究型大学、科研机构科研经费不足的现状；税收政策支持能够从企业的切身利益出发，降低其进行生物知识产权创造的负担和压力。通过财政政策的鼓励，提高各类科研机构生物知识产权创造的原动力；通过财政政策的保障，保障企业进行生物知识产权创造和转化生物科技成果的积极性。

（3）金融政策方面。生物知识产权创造需要大量的资金，规模较小的企业很难承担，更为突出的是由此带来的高风险让企业忧心忡忡。国家应出台相应的投融资优惠政策，疏通企业的融资渠道，建立银行、信贷、风险基金、民间资本多元投资主体共同参与的风险分散机制。

（4）法律体系方面。知识产权保护体系越完善，生物知识产权创造的动力就越大；知识产权保护程度越低，技术外溢的可能性就越大，生物知识产权创造的动力就越小。这里所强调的法律体系主要是指同生物知识产权创造相关的法律、法规的总和。在法律体系健全、法律执行严格的环境中，生物知识产权创造的主体可以通过对生物技术成果所享有的知识产权获取垄断利润。因此，完善的法律保护体系是保护生物知识产权创造最有力的环节，也是提高企业积极性和动力的必备条件。❶

2. 地方政府对组织生物知识产权创造的支撑作用

地方政府在行政上从属于中央政府，在政策实施、法律执行以及经济发展规划的制定上都服从于中央政府，受制于中央政府的宏观调控，二者之间是一种明显的上下级关系。同时，中央政府在很大程度上分权于地方政府，赋予地方政府处理和解决当地经济社会发展过程中出现的问题的权力，地方政府可

---

❶ 张国华，张二震. 开放条件的昆山自主创新之路 [M]. 北京：人民出版社，2007：100-108.

以根据本地区的发展需要，制定相应的社会经济发展总体规划、产业发展思路、企业扶持政策及地方的法规和规章等。

（1）产业发展布局。地方政府应该在国家整体产业政策安排的框架内，结合当地的情况合理安排本地区的生物产业发展布局，在国家相关政策的基础上，加大对优势项目的支持力度。

（2）财政政策支持。地方性企业很难得到中央财政支持，特别是中小企业和民营企业更多的是直接同地方财政相联系，它们的生物知识产权创造资金更多的是要依靠地方财政的支持。地方财政除了拨款之外，还包括税收的优惠政策（如生物知识产权创造项目减免相关税目、生物知识产权创造风险项目退税）、专利申请奖励、允许加速资本折旧等政策措施。

（3）开发园区建设。地方政府应该加强开发园区的建设，充分发挥开发园区对生物知识产权创造的促进作用，为生物科技企业、高校、科研机构的生物知识产权创造提供良好的孵化环境，在生物科技成果转化过程中，地方政府应该为开发园区提供良好的政策与制度环境、产业配套环境以及市场运作环境，由政府出任担保人与风险投资公司签订技术转化合同，共同分散生物知识产权创造企业的风险。

（4）法律体系保障。地方政府的法律体系基本上是在国家整体的法律框架内的完善和补充，一些地方性的法规、规章等都不可能超越国家法律的范围。但是地方政府在法律的实施、执行过程中的作用是举足轻重的。地方政府可以成立知识产权保护办公室，专门负责与知识产权相关的专利申请、审批、侵权案件的投诉环节，依靠执法上的高效、严格来保障生物知识产权创造主体的合法权益和积极性。

（四）中介机构

中介服务机构在生物知识产权创造中起着重要的衔接与整合作用。中介服务机构主要有官方和民营两种组织形式。目前，我国生物知识产权创造服务机构大部分为官方、半官方机构，而民营机构很少。随着经济的全球化发展，我们应该顺应中介服务机构民营化的发展趋势，鼓励民营组织单独建立中介服务机构，采取产权明晰的股份制形式，具有独立法人资格，政府为其提供优惠政策，如补贴、减免税等；科研机构、高等院校等也可利用自己的优势，成立具有部分中介服务功能的机构。官方的服务机构应朝着社会化、开放式、网络化的生物知识产权创造服务网络方向发展，设立生物知识产权创造服务中心，提供民营服务机构不愿进入领域的服务，同时，为民营服务机构与政府提供沟通渠道，加快科技成果向现实生产力转化。具体而言，它是为企业提供信息服务、技术开发与推广、新技术交易服务、资金服务、组织创新政策、专业技术咨询和培训及其他专业化服务并完成政府部门和其他机构委托的工作的服务机构。

六、山东省生物知识产权创造的重点领域

根据国际、国内市场需求，结合山东省实际情况，发挥山

东省的生物资源优势和技术优势，山东省生物知识产权创造的重点领域应当是：培育原创性植物新品种，推进品种权的实施和产业化；生物医药专利创造；海洋生物科技成果权创造；生物技术专利创造。

（一）培育原创性植物新品种，推进品种权的实施和产业化

大力开展高效、优质动植物新品种的开发和产业化，带动了全省现代农业的发展。利用山东省生物育种方面的优势，进一步加强植物种质资源、基因工程育种等高新技术研究开发，支持基因工程、细胞工程等生物高技术在动植物品种选育领域的推广应用。要重点发展抗虫转基因育种、抗病转基因育种、抗除草剂转基因育种、抗旱转基因育种、抗寒转基因育种、抗盐碱转基因育种、抗涝转基因育种和优质高产育种，缓解山东省土地资源的匮乏和短缺，推动山东省现代化农业发展，大幅度提高农业的经济和生态效益。

（二）生物医药专利创造

重点创造：基因工程药物、生化诊断试剂和生物疫苗专利，针对神经系统、肿瘤、新血管系统、慢性乙肝及免疫缺陷等重大疾病的多肽、蛋白质和核酸类生物医药产品专利等。

（三）海洋生物科技成果权创造

发挥山东海洋资源大省的优势，重点推动海洋生物科技成

果权创造。在山东省，仅青岛市就集中了中国海洋大学、中国科学院海洋研究所等海洋科研机构，拥有许多高层次海洋专家，承担了大量国内海洋生物领域科研项目和重点科研及产业化项目。青岛市作为全国唯一的海洋特色国家生物产业基地，一直保持平稳发展态势，海洋药物、生物制品、海洋医用材料研产水平行业领先，新药研发、招商引资、项目建设、园区规划加快推进。山东省应当重点改良海水经济动植物种质，加速海洋生物药物和保健食品知识产权创造。

（四）生物技术专利创造

重点创造：微生物品种、产品与方法发明，生物技术中的医疗方法发明，人类克隆技术发明，基因重组发明，多核苷酸分子发明，肽分子发明，细胞融合发明等。

七、山东省生物知识产权创造体系建设面临的问题

目前，山东省生物知识产权创造体系建设面临着资金短缺、企业税负重、自主创新能力不强、政策体制与产业发展不相适应等问题，突出问题和制约因素具体表现在以下几个方面。

（一）产业政策的配套完善有待优化

面对国内供给侧改革和国际贸易摩擦的大环境，产品、技

术创新在可持续发展中的作用占据主导地位。现有体制、政策不完全适合生物知识产权创造和产业发展，组织体系不健全，未形成良好的产业发展氛围。我国生物知识产权创造、产业发展、市场监管和政策制定等尚未形成有效的统筹协调机制，不适应生物知识产权创造体系运行的特点，造成有限资源投入效率不高等问题。政府、行业协会等中介机构、产业界以及科研界之间沟通不畅，行业自律、规范市场、管理咨询、信息发布等方面的服务欠缺。尚没有较系统的促进生物知识产权创造体系运行的相关政策，尚没有建立有利于生物技术企业开展融资、市场营销等经营管理活动的良好氛围。虽然山东省政府及各相关市县政府结合自身特色的产业基地、载体、平台推出了一系列扶持政策，为生物医药产业发展提供有效吸引力，但在面向产业发展重点领域的扶持政策有待进一步细化，增强可行性和有效性。产业政策在创新环节的要素投入的鼓励不足使得企业创新困难重重，产业政策内容不够具体。一部分企业获得了高新技术企业资质认证并享受了相应的税收政策，但在出口退税方面，存在将某些生物发酵高新技术产品等同于普通同类产品，适用和普通产品同等的出口政策。在品牌打造、人才引进、产业软环境打造、知识产权保护等方面的配套政策有待进一步完善。

（二）生物科技成果产业化渠道有待完善

山东省生物知识产权创造能力薄弱，大量生物科技成果未转化为产品，制约生物知识产权创造能力的提高。从表面看是因为企业缺乏研发的技术和资金能力，其深层次原因是生物科技成果的产业化模式存在一些问题。由于历史原因，山东省的生物科技研发能力集中在高校和科研院所，国家投入也投向高校和科研院所，科技成果也集中在高校和科研院所。目前，生物科技成果产业化的主要模式是高校和科研院所自办企业，由于科技人员不擅长企业的经营管理，同时因怕失去企业控制权而主观上不愿增资扩大规模，因此企业很难做大。而非高校和科研院所创办的企业，往往缺乏研发能力，没有科技创新成果和产品，也就没有市场竞争力，企业也难以做大。山东省没有形成以企业为主体的生物知识产权创造体系，"产、学、研"协作机制很不完善，是造成山东省生物知识产权创造能力不强、自主知识产权产品少的原因之一。

（三）融资渠道单一、税负重，资金仍是企业发展的瓶颈

一是融资渠道单一，资金缺乏。生物科技产业是高风险的新兴产业，企业难以从银行获得贷款，而我国资本市场和创业资本不发达，目前生物科技企业普遍存在融资困难、资金缺乏的问题。二是生物科技企业税负重，加重了资金短缺的约束。比如，生物医药产业是高投入、大产出的产业，对税收政策高度敏感。但是，我国目前实行生产型增值税，由于生物科技企业增值税可供抵扣的进项少，使目前生物科技企业增值税实际税负高达 13%~14%，大大高于其他行业；同时，由于生物技术从研究开发到产业化周期长，如生物医药产品一般要 8 年，

所以难以享受"两免三减半"的高新技术企业所得税优惠政策。

（四）生物产业品牌化集群发展水平有待提高

由于生物产业集中化程度低，山东省多数生物科技企业为中小企业，企业规模较小，具有规模和竞争力的企业很少，有国际影响和广泛应用的高端产品不多。由于产业规模小，中小型生物科技企业发展困难，生物技术产品市场竞争力弱，产业发展受到市场空间的制约。例如，海藻高值化利用产业规模处于国际前列，高值化利用技术和产品已有较好基础，但是高附加值和高端海洋生物产品种类较少。山东省生物产业涉及领域相对较多，但各领域企业相对单一，领域关联性不够高，产业链存在空白环节，在技术突破、产业链完善、市场开拓等方面难度较大，发展速度受到限制。

生物科技产业开发生产周期相对较长，因此生物科技企业从开办到成长期的时间也较长。由于生物科技研发周期长，产业化门槛高，从而在不同程度上制约了中小型生物科技企业的发展。有许多中小型生物科技企业由于资金、技术等原因，往往还不能大规模产业化，就出现夭折。同时，由于中小型生物科技企业开发资金投入不足、知识产权保护不力，研制生产的生物科技产品多数是模仿西方发达国家已经开展的项目而来，缺乏原始创新和自主知识产权，这将潜伏巨大的危机。新兴的高技术产品由于技术上还不成熟、研发成本高等问题，市场竞争力往往比较弱。国外通常通过政府采购、税收优惠、价格补贴等方式培育新产品市场，尤其是在初期市场，生物技术产品的研发和生产成本都很高，而且由于直接或间接作用于人体，因此其市场的培育更多地要依赖政府，生物产业的发展急需政府相关市场政策的支持。部分生物技术产品还缺乏相应的产品技术标准法规和推广应用的激励措施，同时宣传力度不够，难以形成市场规模，严重制约了生物知识产权创造体系的运行。

（五）高端人才引进仍有难度

生物产业作为知识密集型、技术密集型产业，对科技资源和专业人才的需求较大，同时部分生物产业园区远离市区，居住、教育、医疗等生活配套尚不完善，而生物技术产业人才层次高、学历高，且很大一部分是从海外归来的学者，这些人才对城市环境、人文环境、住宿环境、生活配套都要求高，增加了企业引进高端人才的难度和成本，造成部分企业缺乏新产品开发技术所需的人才队伍，科研力量薄弱，不利于企业研发体系建设。山东省从事生物技术科研和产品生产经营的人员不少，但人才结构不合理，缺乏相应的激励机制，难以保障生物知识产权创造体系运行。一是具有创新能力的高素质人才、工程化技术人员以及经营管理人员十分缺乏，特别是企业缺乏管理团队，在许多科研机构自办企业中，大多是创业的科技人员承担并不擅长的职能管理责任。二是科技人才过多集中在科研机构，没有建立人才流动制度，企业缺乏科研人员。三是缺乏相应的人才协调和管理，过多注重培养人才，忽视用好人才的环节，人才的培养与生物产业发展需求间缺乏协调，甚至造成高校生物技术领域毕业生大量失业的状况。四是人才的评价和激励机制不合理，使科研人员注重成果的数量而不是质量，重视眼前利益而学术浮躁，没有充分调动和发挥各类人才的积极性和创造性。

（六）关键技术仍有差距

部分生物高新技术企业有针对性地开展了生物技术的自主研发工作，但有些关键技术尚未突破，拥有自主知识产权的技术尚需进一步优化。

（七）品牌标准等软实力尚需加强

山东省生物技术企业逐渐重视品牌建设和宣传推广，重视知识产权保护，取得了一定效果，但还需进一步加强品牌建设。多数产品尚未建立标准，亟须制定相关标准，以增强产品市场竞争力。

八、加强山东省生物知识产权创造体系建设的对策

（一）加强政府部门间的协作

为加快生物知识产权创造的发展，加强对生物知识产权创造的宏观管理和整体协调，建议成立山东省促进生物知识产权

创造协调决策机构，统筹协调生物产业体制改革、生物技术研究开发、生物产品安全监管、生物产业发展，由山东省发展与改革委员会牵头，联合经信、商务科技、财政、药监、农业、环保、教育等政府部门及有关大学、科研机构、重点生物科技企业，共同研究制定山东省生物知识产权创造、生物产业发展战略，协调解决有关的重大问题，更好地整合资源，引导生物知识产权创造和生物产业快速发展。建议成立山东省生物知识产权创造产业协会，吸收相关单位的生物技术、管理专家参加，强化行业自律，充分发挥协会的组织协调作用。

（二）发挥社会生物科技中介服务机构的作用

在山东省生物知识产权创造体系建设中，要以强化企业生物技术创新转化能力为导向，促使企业生物知识产权创造主体要素之间密切关联，形成良性的互动关系，顺利实现知识创新向企业生物知识产权创造转化。生物科技中介机构是生物知识产权创造体系中进行知识交流的桥梁。生物科技中介服务是社会主义市场经济条件下，进行生物知识产权创造不可缺少的促进因素，是政府行政和企业需求的促进者。例如，美国加利福尼亚州设有直接面向领导者的生物技术委员会，由 16 名当地生物技术公司的 CEO 组成，每季度会面一次，职责是为行政长官提供推动加利福尼亚州生物技术产业发展的必需条件和相关信息，甚至提出合理化建议。澳大利亚悉尼政府授权了 200个中介机构，通过这些中介公司实现对产业的扶持。根据我国的国家知识产权战略，在规范、完善我国现有的社会中介服务组织的基础上，建立数量更多、功能更强的中介服务机构。山东省应当鼓励发展生物知识产权信息中心、设立生物知识产权创造服务中心、生物知识产权交易所、技术市场、专利代理事务所、律师事务所、科技成果评估机构、管理咨询机构等生物科技中介机构，主要为生物科技企业提供研究开发、技术信息交流、知识产权保护、科技成果转化、专利申请、风险投资、经营管理、市场开拓、管理咨询、出口援助等方面的服务，发挥桥梁和纽带作用。通过大力发展生物科技中介服务体系，逐步实现生物科技中介服务体系网络化、功能化、社会化、产业化，为山东省生物知识产权创造体系建设提供全方位的优质服务。

（三）　加快生物技术创新信息网络建设

构建生物企业技术创新信息网，实现全国各城市及相关高等学校、科研机构、中介机构的信息网联网，完善产学研联合网上成就展暨洽谈系统，加强有效的信息服务，及时发布科技成果、难题招标、人才供求等信息。目前应在现有的星火计划、火炬计划和成果推广计划这三大技术研发计划数据库的基础上，集成建设一个面向中小企业技术创新、非营利性的数据资料库，专门向中小企业传播技术信息和技术知识，促进中小企业间的技术合作和企业网络的发展。充分发挥行业协会的桥梁和纽带作用，依托大型企业，联合行业科技力量，整合科技资源，建立技术咨询专家支撑系统，研究行业技术发展的现状与趋势，对行业共性、关键性、前瞻性技术进行联合开发，为政府部门研究制定产业政策和产业技术政策、行业发展战略与规划，以及产业结构调整的宏观决策提供科学依据。

（四）加强生物技术开发基地建设

生物技术开发基地实行会员制，定期召开会议，定期向会员企业发布信息，会员企业之间定期交流，充分发挥大型科技企业的辐射与服务作用，面向行业和社会做好标准、计量和检测等工作，为企业提供技术创新活动所需的研究开发、试验检测、技术培训等方面的技术中介服务。

（五）加强科研条件和基础设施建设

在充分发挥各方面资源作用的基础上，以高校和科研机构为依托，加强生物知识产权创造科研条件和基础设施建设。在生物医药、基因工程、植物新品种、海洋生物等领域组建综合性的生物科技基础研究中心；在生物产业密集区建立区域性的生物技术研发中心，促进生物科技产业化。建立山东省生物技术产业重大项目孵化器，提高现有孵化器的水平，培养一大批生物科技中小型企业，创造大量生物知识产权成果，同时走生物科技成果转化之路。

（六）以制度创新提高科技共享水平

依托产业联盟、金融基金、创新中心、技术中心等平台，以产业协同突破关键技术及下游应用瓶颈，以资本协同加杠杆拓宽融资渠道，以专项协同推动生物技术产业化及应用。山东省生物技术企业多以中小型科技企业为主，生产规模参差不齐，多数企业产能偏小，抗险能力差，融资能力弱，因此可提高大型企业及社会资本方对生物技术企业的认识，增加金融杠杆，形成融、产、研、用相结合的利益共同体。充分发挥政府宏观调控和市场调节的基础性作用，对现有的生物科技基础平台进行资源整合和优化组合，理顺各种关系，打破部门、单位界限，按生物知识产权创造的需求逐步建立资源共建共享机制。对新建的生物科技基础设施，要建立以资源共享为核心、现代管理运行机制为保障的组织结构，加强平台建设的政策法规与其他政策法规的衔接。在国家相关政策、法规、制度框架下，组织制定和实施《科技基础条件平台建设和运行管理条例》，积极推进省、市以共建共享为核心的生物科技基础条件平台建设、运行和管理的政策法规体系建设。根据不同的生物科技基础条件平台建设和运行特点，分类制定相应的政策法规和标准规范，形成科学、合理、有效的科技基础条件平台管理机制和政策法规体系。近期工作的重点，一是建立完善的大型生物科技设施、生物工程中心及科研基地的评价机制，制定产权归属和管理制度。二是形成生物科技资源收集、保存、开放利用的规范管理体系。三是建立生物科技信息资源共建共享的管理体系。四是制定生物科学数据收集、处理和汇交制度。此外，还要根据地区支柱产业、重点产业、基础产业的发展水平，积极评估科技基础条件平台建设和运行对生物知识产权创造的支撑能力，找出优势与差距，有重点地建立产业科技资源共建共享机制，分阶段性地推动平台发展规划的制定和实施。五是继续加大生物行业结构调整力度，严格控制生物行业项目盲目投资和低水平重复建设，大力支持生物产业链延伸，推动大型企业形成各自的发展特色，避免同质化竞争。

（七）改善生物知识产权创造主体融资环境

生物科技投入作为关乎地区经济社会长远发展的战略性投入，不能简单地以短期的、眼前的对经济增长的拉动来衡量生物科技投入的效果。要立足于经济社会长远的发展，进一步加大生物科技投入和工作力度；建立生物科技投入的稳定增长机制，通过法律、法规以及行政手段，切实保障生物科技投入的持续增长；各级财政要充分发挥共同财政的作用，把对生物科技的投入作为政府财政支出重点之一。为改善生物知识产权创造主体融资环境，山东省除了加大政府对生物科技的投资外，还应当建立多层次、多元化的投融资渠道，积极推动和引导企业成为生物知识产权创造的投入主体，最大限度地调动社会生物科技投入的积极性，为整个山东生物知识产权创造体系建设提供投入保障，促进生物科技与经济发展更紧密的结合。因此，当前的工作重点及措施是：

（1）设立山东省生物知识产权发展基金，推动全省生物知识产权创造体系建设快速发展；

（2）适当安排一部分专项资金用于生物产业的孵化器建设资金；

（3）建立生物知识产权风险投资机制，设立风险投资基金；

（4）为生物科技企业在国内外上市融资创造条件；

（5）鼓励以无形资产入股；

（6）引导鼓励民间资金进入生物知识产权创造领域，促进生物科技企业的兼并收购和非生物企业对生物科技企业的战略投资；

（7）政策性银行加大对现代生物产业的资金支持力度；

（8）在金融政策上，多向民营企业、中小企业倾斜，适当降低融资成本，提供专项贷款，放款贷款审核条件，降低贷款利率，保障企业运营安全。

（八）加强产学研协作，提高自主创新能力

必须坚持以生物技术企业为主体，高等院校、科研院所为支撑，提高自主创新能力，逐步形成比较完善的生物知识产权创造体系。重大生物技术研究开发专项资金主要投向以生物技术企业为主体的生物知识产权创造活动，建立企业牵头组织、高等院校和科研院所共同参与实施的有效机制。鼓励企业与企业、企业与高校、企业与科研机构、高校与科研机构之间建立策略性技术联盟，加快生物技术信息在企业、高校、科研机构之间的流动，促进共性技术的发展和共享，加强生物科技企业对前沿生物科技突破的监控能力，提高企业生物知识产权创造能力。加强生物技术龙头企业工程实验室、技术中心等建设，鼓励企业设立海外研发中心。依托海洋特色国家生物产业基地建设，争取更多生物类国家重点实验室、国家工程实验室等重

大科技平台落地山东。

（九）制定支持生物知识产权创造的专门税收优惠政策

在美国各州，准许生物技术公司减免或者延期交付的税收有销售和使用税、投资税、资本收益税、净运营损失等，并允许生物技术企业可以将他们的税收优惠转让给其他合作企业，以获得资金；法国和意大利对生物柴油生产企业实行零税率；日本政府也制定了适用于生物技术产业的税收减免制度；这都大大调动了生物科技企业进行生物知识产权创造的积极性。

为保证生物知识产权创造的快速发展，建议政府尽快出台支持生物知识产权创造的专门税收优惠政策。

（1）对生物技术企业实行增值税优惠。对农业优良植物新品种、生物医药、燃料乙醇、生物柴油等重点生物技术产品实行增值税免征或先征后返政策。

（2）对生物技术企业实行企业所得税优惠政策。对生物企业研究开发新产品、新技术、新工艺所发生的技术开发费用，建议可在按实际发生额的 150% 比例在当年计征企业所得税时税前扣除的基础上，进一步加大抵扣比例。

（3）对生物技术企业所需的进口自用设备及按照合同随设备进口的配套件、备件，除列入《外商投资项目不予免税的进口商品目录》和《国内投资项目不予免税的进口商品目录》的商品外，均可免征关税和进口环节增值税。

（4）继续加大生物产品认证机制与专项补贴、税收优惠。

例如，对处于研究开发阶段的前沿技术、新材料、新工艺可给予重大专项补贴，积极引导生物产业发展。

（十）改革评价制度，有效激励开展创新活动的积极性

通过改革现有的科技评价制度，逐步建立高效合理的科技评价制度，从而有效地激励生物知识产权创造活动的开展，推动生物科技的大发展。为此，应采取以下措施。

（1）制定和建立以市场效益为核心、科学有效的科技评估指标体系（包括科技成果评审、科技成果转化效益评审等），具体包括科技创新标准、科技转化程度、经济效益标准和社会效益标准等。

（2）建立健全无形资产的评估机构和评估制度，贯彻落实保护知识产权的专利法等法律法规，使资产评估成为生物知识产权转让、入股、参股的重要依据。

（3）建立与科研评价制度相配套的生物知识产权创造奖励制度，具体包括学术荣誉、职称晋升、国家奖励、企业报酬和技术专利收益等，特别对作出重大贡献的生物知识产权创造人员应重奖，如设立生物知识产权创造成就奖和科技企业杰出经营管理人才奖，从而有效激励科技人员进行生物知识产权创造的积极性。❶

---

❶ 李国强，王剑平，李学林.科技创新集成体系构建及运营模式[M].北京：中国农业科学技术出版社，2007：244-247.

（十一）加强生物专业人才培养，建立结构合理的人才队伍

人才资源是第一宝贵资源，培养和造就一批高素质、复合型人才，是生物高科技产业快速发展的根本保证。重视智力资源的引进和各类创新人才的培养，充分发挥与生物产业相关的科研院所和高等院校的智力和技术优势为生物产业发展所用。山东省需要继续贯彻实施科教兴鲁和人才强省战略，坚持培养和引进并重，尽快建立起结构合理的人才队伍。一是充分发挥现有人才的作用，对作出突出贡献的企业家、科技人员予以奖励，积极试行持股经营、期权激励等新型分配形式，支持生物知识产权作为生产要素参与分配，以调动广大技术和管理人才从事生物知识产权创造的积极性。二是优化现有教育资源，积极选派省内高层次生物技术专业人才和管理人员到国内外大学和科研机构培训深造，强化高校生物技术学科建设，加强生物技术人才培养力度；大中型企业要根据各自需要，采取多种方式，积极开展岗位培训和专业培训。三是改革教育内容，改变教育与经济、科技相脱节的状况，在实践中走产学研相结合的道路，加大科技含量，促进教育与经济、科技的密切结合。四是加大海外、省外生物技术高层次人才引进的力度，建立海内外生物技术人才库，加强留学人员创业园建设，形成人才积聚效应，积极吸引山东省生物高科技产业急需的领军人才、骨干人才。

（十二） 拓展国际化渠道

响应国家"一带一路"倡议，企业在巩固研发实力的基础上，拓展在国外注册业务，重点布局海外市场，加强产品出口，拓展国际销售渠道。

（十三） 加强知识产权保护，建立健全标准体系

通过攻克前沿关键技术及装备，注重自主知识产权和标准化体系的建立，提升企业核心竞争力和产品附加值。建立知识产权认证管理体系，增强知识产权纠纷的应对能力，加强知识产权成果的运用，提高知识产权成果的产业化运作水平，根据生物技术研发及产品开发情况，建立相关产品标准、方法标准、认证技术标准体系，加强生物制品生产与市场准入管理及行业规范，提升国际竞争力。山东省要依据国家相关法律、法规，以保护专利权和植物新品种权为重点，在生物技术产品的研发、生产和销售等诸多环节对知识产权进行保护，加大对侵权者的处罚力度。

第九章　高新技术企业专利权诉讼实证研究

一、侵犯专利权诉讼中的抗辩策略

在全球企业知识产权保护的大环境下，各种知识产权侵权事件仍然频频发生，专利权作为企业进行市场竞争的"核武器"，备受高新技术企业的重视，专利侵权抗辩也成了知识产权领域的一个热门话题。在侵犯专利权诉讼案件中，作为被告往往以不构成专利侵权或者不承担赔偿责任为由进行抗辩，可以采取的抗辩理由有：不落入专利保护范围的抗辩、现有技术的抗辩、不视为侵权的抗辩、滥用专利权的抗辩、合同抗辩、诉讼时效的抗辩和合法来源的抗辩。

专利侵权抗辩是指在专利侵权诉讼案件中，被控侵权人针对专利权人及其利害关系人的诉讼请求提出使自己免除责任或减轻责任的事由。抗辩事由则是指被控侵权人针对专利权人及其利害关系人提出的诉讼请求而提出的证明其诉讼请求不成立或者不完全成立的事实。

（一）国外和国际条约中关于专利侵权抗辩事由的规定

国外有些国家在专利法中就专利侵权抗辩事由作了明确规定。

1. 滥用专利权抗辩

关于滥用知识产权的问题，TRIPS 协议中第一部分第 7 条作出了规定，即对于知识产权的保护，应以促进科学技术的革新、转让和传播为原则，使新技术的发明者和使用者都可以受益，从而有利于社会经济的发展和创造使用者权利义务的平衡。第 8 条第 2 款中也规定，为了限制专利权人对知识产权所有权的滥用，或者采用不合理的方式限制贸易及国际技术的转让，可以对专利权人采取适当的措施，但不得与本协议规定的内容相抵触。TRIPS 协议第二部分第八节第 40 条作出了"关于许可协议中反竞争行为的控制"的规定。其中第 1 款规定，当专利权人的行为阻碍了贸易的进行，或者限制了技术的转让和传播时，经各成员同意，可以对有关知识产权的许可作出某些限制竞争的规定。第 2 款规定，本协议的规定并不阻碍各成员在其国内单独进行立法，在特定情形下可对某些滥用知识产权或者进行不正当竞争的行为进行限制性规定。如上所述，各成员可以在本协议规定的基础上，基于其本国法律和规章，对滥用知识产权或者进行不正当竞争的行为采取适当措施，包括规定独占性反授条件、禁止对知识产权有效性提出质疑的条件、强迫一揽子许可等。由 TRIPS 协议的规定可以看出，尽管专利权人对其专利拥有许可权，但在行使过程中也需受到一定的限制，即该权利的行使不能限制贸易的发展，也不能阻碍技术的转让和传播等。《美国专利法》第 333 条规定了滥用专利权抗辩事由。

2. 先用权抗辩

根据专利权在授予时是以先发明为标准，还是以先申请为标准，可以分为先发明制和先申请制。美国作为一个十分注重保护发明者权益的国家，其专利法中明确规定了专利应授予先发明者的制度，即当两个以上的人就同一项发明创造申请专利时，专利授予先发明者。由该规定可知，美国对发明在先的权利人给予保护，因此就不存在先用权问题，自然也就没有先用权抗辩的说法。

而世界上绝大多数国家则采用的是先申请制度，故大都对先用权抗辩作出了规定。《日本专利法》在第 79 条作出了首先使用的通常实施权的规定，因自己发明而不知有相关专利存在，或虽从发明人处获得而为己所用但不知该发明需申请专利，则在专利申请时，日本国内已经从事该发明的事业或者即将从事该发明的事业的人，在其已经从事或即将从事的业务范围内，拥有该相关专利的通常实施权。《德国专利法》在专利先用权方面也作出了十分细致和完善的规定。《德国专利法》第 12 条第 1 款规定，若在专利申请日前，在德国境内已经有他人开始实施该专利申请的内容，或已经着手准备实施该专利申请的内容，则专利权人不得以其已经获得专利权为由禁止他人使用该专利。该先用人在其业务范围内，有权在自己或他人的工厂和车间内实施该专利，该先使用权只能通过继承方式获得或由其整体事业转让而获得。如果专利申请人在申请专利之前，虽然将专利的内容披露给他人，但保留了申请专利并获得专利的权利，则获得该专利申请内容的他人，不能根据该款第一项的规定取得该专利的先用权，在申请人取得专利后，不得以披露发生后的 6 个月内采取的措施为由对抗专利人。

3. 自由公知技术抗辩

自由公知技术抗辩是指在侵犯专利权的诉讼中，若被诉侵权人有证据证明自己实施的技术，是专利权人申请专利日之前就已经存在的公知技术，或与公知技术相近似的技术，则被诉侵权人不构成侵权责任。它是被控侵权人的一种防卫手段或方法，在很多国外立法及判例中都有所体现。德国法学界称为自由技术水准抗辩，技术水准的内容包括专利申请日前的公知技术和从公知技术中可以很容易推导或明显能推导得出的技术。日本判例中也有关于该抗辩事由的提法，称为自由技术水准的抗辩和自由技术抗辩，而日本的大多数学者也同样在技术或技术水准前冠以自由的字样。

（二）我国法律规定的专利侵权抗辩事由

我国《专利法》没有直接规定抗辩事由，但从相关法律规定可知，我国专利侵权抗辩事由主要包括：影响专利权效力的事由，包括专利权无效、禁止专利权滥用；不落入专利保护范围事由；不视为专利侵权的事由，包括专利权用尽原则、先用权、临时过境、为科学实验目的以及第三人的善意使用、销售行为；现有技术抗辩；非专利抗辩事由，包括起诉权和诉讼时效制度等。

1. 专利效力抗辩

在专利申请未授权之前和专利被宣告无效后或者专利被专利权人放弃或专利权到期后，实施专利的行为均不构成侵犯专利权。这里重点分析专利权无效抗辩。

在专利侵权诉讼中，请求宣告专利权无效是最常见的抗辩事由。在专利授权程序中，对于发明专利而言，存在审查人员因工作经验、认识水平不同，对有关法规理解、掌握不同，事实上在文档检索上也不可能毫无疏漏，出现漏检的情况不可避免，而在有关专利性条件的判断基准上存在客观上的不确定性，因此，会使有些不符合《专利法》相关规定的发明创造获得了发明专利权，对于实用新型和外观设计专利而言，由于我国《专利法》规定对实用新型和外观设计专利申请实行初步审查制，因此，有一些不符合《专利法》相关规定的实用新型和外观设计申请也获得了专利权。而在专利侵权诉讼中，经国家专利行政部门授予的专利权，非经法定程序予以撤销或者宣告无效的，均被推定为有效。这时，专利侵权诉讼中的被告如果认为原告所持有的专利不符合《专利法》的授权条件，只能通过法定程序请求宣告专利权无效，从而达到不承担专利侵权责任的目的。

在专利授予后，使一项专利权利归于灭失的程序，各个国家的专利法中都有相应的规定，大多数国家将这一程序称为专利无效程序，也有的国家设立了撤销和无效程序。但是，无论哪一种程序，其所导致的法律后果均是专利权归于灭失。我国《专利法》规定，自国务院专利行政部门公告授予专利权之日起，任何单位或者个人认为该专利权的授予不符合《专利法》有关规定的，可以请求专利复审委员会宣告该专利权无效。

TRIPS 协议对专利的撤销或无效的理由没有作出规定，由各成员自行规定。专利权被授予后，有可能因为各种各样的原因被撤销或被宣告无效，因此，各国专利法中均对专利权无效的理由作出明确规定。我国《专利法实施细则》第 64 条明确规定了请求宣告专利权无效的理由。请求宣告一项专利权无效的理由是法定的，当专利侵权诉讼中的被告以专利权的授予不符合《专利法》的相关规定进行抗辩时，只能依据法定的无效理由，而只要这些无效理由中有一条成立，则专利权就应当被宣告无效。比较《美国专利法》第 282 条、《德国专利法》第 21 条、《欧洲专利公约》第 100 条、1997 年 1 月 1 日生效的《日本专利法》第 51~63 条、《韩国专利法》第 133 条以及我国台湾专利相关规定第 71 条有关撤销或无效理由的规定，它们设定的理由的主要内容基本是一致的，只是在个别条款上略有差别。

我国《专利法》第 46 条规定，国务院专利行政部门对宣告专利权无效的请求应当及时审查和作出决定，对国务院专利行政部门宣告专利权无效或者维持专利权的决定不服的，可以自收到通知之日起三个月内向人民法院起诉。专利侵权诉讼中的被告如果以专利权无效进行抗辩，只能向专利复审委员会提出宣告专利权无效的请求，并由专利复审委员会负责审理，对于复审委员会作出的决定，法律赋予当事人进行司法复审的机会，而根据《最高人民法院关于开展专利审判工作的几个问题的通知》，无效请求中的当事人只有通过行政诉讼的方式获得司法救济。关于世界各国专利权效力纠纷案件的审理模式，如果按审理机关划分，一般分为两种模式，一种是由法院按照司法程序进行审理，这主要是美国和欧洲国家，另一种则是由法律授权的行政机关进行审查，并按照法定的程序给当事人以司法救济，例如日本和韩国等，我国也属于这种模式。如果按照与专利侵权纠纷的关系划分，一种是作为专利侵权纠纷的抗辩提出专利权无效并由审理专利侵权纠纷的法院进行审理，例如美国；另一种是作为专利侵权纠纷的反诉提出专利权无效，而反诉审理的法院或行政机关与审理侵权纠纷的法院不是一个，由法院审理反诉专利权无效的国家，例如德国，而我国、日本和韩国则是由行政机关审理反诉无效请求。

在美国，专利的有效性和专利侵权两种纠纷都是由法院来决定的。而对专利有效性提出异议的一般是专利侵权纠纷中的被告或者受到专利侵权威胁的被控侵权人，而且是作为对抗专利侵权成立而提出的。在专利侵权诉讼中，美国法院一般首先考虑专利的有效性问题，然后再确定专利侵权是否成立。在确定了专利无效后，很多法院仍然要对专利侵权是否成立作出判决。

按照美国的法律，有关民事判决，纯属私人之间的关系，因此只对当事人产生拘束力。法院作出专利无效的判决只能对案件中的双方当事人有效，不对第三人产生效力。但是一旦法院宣告了专利权无效，专利权人也很难在以后的案件中说服法院再对专利的有效性重新审理。由于美国联邦巡回上诉法院统一处理全美的专利侵权上诉案件，所以至少在二审这一级上不可能出现专利有效性的判决不一致的情况。

专利侵权诉讼中的被告以专利权无效进行抗辩时，若能够实现专利权被全部无效或者使有可能构成专利侵权的权利要求无效，一般情况下，将可以避免承担专利侵权责任。根据我国《专利法》第47条规定，宣告无效的专利权视为自始即不存在。在专利侵权诉讼过程中，由于专利权被宣告无效，权利人丧失了请求权基础，侵权诉讼将以原告撤诉或法院裁定驳回起诉而终结。另外，若通过专利无效抗辩，在不能使专利权无效的情况下，通过专利权人解释权利要求，使专利的权利要求保护范围变小，或者通过专利权人对专利创造性的争辩，利用禁止反悔原则，也可以实现不承担专利侵权责任的目的。

2. 滥用专利权抗辩

滥用专利权是指专利权人超越了法律所授予的专利权。对于知识产权的滥用问题，TRIPS协议第一部分第7条目标中作出如下规定，知识产权的保护和执法应有助于促进技术的革新以及技术的转让和传播，有助于技术知识的创作者和使用者互相受益而且是以增进社会和经济福利的方式，以及有助于权利和义务的平衡。TRIPS协议第一部分第8条第2款规定，为了防止权利持有人滥用知识产权，或者采用不合理的方式限制贸易或不利于国际技术转让的做法，可以采取适当措施，但是以这些措施与该协议的规定不相抵触为限。

被诉侵权人以专利权人恶意取得专利权且滥用专利权提起侵权诉讼进行抗辩的，应当提供相应的证据。在侵犯专利权诉讼中，专利权被宣告无效的，不宜轻易认定为滥用专利权。恶意取得专利权是指将明知不应当获得专利保护的发明创造，故意采取规避法律或者不正当手段获得了专利权，其目的在于获得不正当利益或制止他人的正当实施行为。以下情形可以认定为恶意：将申请日前已有的国家标准、行业标准等技术标准申请专利并取得专利权的；将明知为某一地区广为制造或使用的产品申请专利并取得专利权的。

TRIPS 协议第二部分第八节第 40 条第 1 款规定，各成员同意，在有关知识产权的许可中的某些限制竞争的做法或条件，对贸易可能有不利影响，并且可能阻碍技术的转让和传播；第 2 款规定，本协定的任何规定并不阻止成员在其立法中明确规定，在特定情况下可能构成对知识产权的滥用、在有关市场上对竞争有不利影响的许可做法或条件。成员可以在与本协定其他规定相符的情况下，依据该成员的有关法律和规章，采取适当措施制止或控制这类做法，例如，独占性反授条件、禁止对知识产权有效性提出质疑的条件以及强迫性一揽子许可。

从 TRIPS 协议的上述规定中可以看出，具有法定垄断权性质的专利权其行使是有限度的，这个限度就是专利权的行使不能对贸易产生不合理的限制，不能不利于技术的转让和传播，不能打破权利和义务之间的平衡。而专利权的滥用与专利许可合同最为密切。美国是最早建立有关滥用专利权理论的国家。在美国，滥用专利权涉及专利法，因为滥用法定的垄断权是反垄断法所禁止的行为。但在合法利用专利权与违犯反垄断法之间有许多行为虽然不足以构成反垄断法的行为，但却足以构成滥用专利权行为。因此，滥用专利权行为不仅包括反垄断法所禁止的行为，还包括基于衡平原则、公众利益以及专利法的相关规定的考虑非合理利用专利权的行为。

我国台湾地区"专利法"第 60 条规定，发明专利权之让与或授权，契约约定有下列情形之一致产生不公平竞争者，其约定无效：禁止或限制受让人使用某项物品或非出让人、授权人所提供之方法者；要求受让人向出让人购取未受专利保障之物品或原料者。

我国《专利法》对滥用专利权行为没有作具体规定。《民法典》第 850 条只是原则规定，非法垄断技术或者侵害他人技术成果的技术合同无效。但从《民法典》第 875 条规定当事人可以按照互利的原则，在合同中约定实施专利、使用技术秘密后续改进的技术成果的分享办法；没有约定或者约定不明确，依据本法第 510 条的规定仍不能确定的，一方后续改进的技术成果，其他各方无权分享

由于专利权人行使专利权超出其专利权范围的情形多表现在专利许可合同领域，因此，滥用专利权的情形也多为订立专利许可合同中专利权人利用专利权超出法律所允许的范围的情况。根据 TRIPS 协议以及国外特别是美国司法判例，涉及专利权滥用的情形大致包括 TRIPS 协议列举的几种情形：独占性返授条件是指许可方要求被许可方将其针对被许可技术做出

的任何改进所产生的知识产权，以独占的方式，在许可方不作弥补考虑或者不附加对等义务的情况下，返授给许可方；禁止对知识产权的有效性提出质疑条件，是指许可方明知当许可合同所涉及的知识产权的有效性受到质疑时，有关双方权利和义务的争议需要根据适用的法律来确定，而且许可合同的条件需要符合该法律的规定，却要求被许可方承诺不对所涉及知识产权的有效性提出质疑；强迫性一揽子许可，是指许可方要求被许可方接受他所不需要的附加技术、将来作出的发明、货物或者服务，或者限制被许可方采用的技术、货物或者服务的来源，以此作为订立许可合同的条件。

滥用专利权的具体表现形式有以下几种。

（1）违犯反垄断法和其他不正当竞争行为。

专利权人由于违犯了反垄断法，通常会遭到滥用专利权的抗辩，而没有违犯反垄断法的不正当竞争行为也有可能遭到滥用专利权的抗辩。判断是否存在滥用专利权的一个标准就是要看为了获得专利所带来的利益，专利权人所采取的行为是合理的，或者专利权人超越了这个限度并且利用专利打算获得正常情况下专利所能获得的更大的市场优势。另外，专利权的范围不得扩大到非专利物品上，专利权人在专利许可合同中对非专利物品的任何附带条件的限制都有可能构成滥用专利权。

（2）搭售行为。

搭售是指专利权人试图设定许可制造、使用、许诺销售或销售专利发明的条件，是订立许可协议由专利权人处购买物品或另一项许可。

滥用专利权不能使专利侵权不成立，但可使侵权人免除侵权赔偿责任，专利权人因滥用专利权，不能获得侵权赔偿。专利权人滥用专利权的行为并不能导致专利权无效，而是使专利权不能行使，专利权人要想重新恢复行使其专利权，必须做到彻底放弃滥用专利权的行为，并完全消除滥用专利权所产生的后果。我国对于专利许可合同中禁止专利权人滥用专利权的行为作出了一些相关规定，《民法典》第 865 条规定，专利实施许可合同仅在该专利权的存续期限内有效。专利权有效期限届满或者专利权被宣告无效的，专利权人不得就该专利与他人订立专利实施许可合同。

3. 不落入专利保护范围的抗辩

对于发明和实用新型专利而言，被告的实施行为没有以相同或者等同的方式实现专利要求保护的技术方案，对于外观设计而言，被告实施行为所指向的产品与外观设计专利中所述的产品不相同也不相似，设计也不相同或者不相似，即可认定实施行为未落入专利权保护范围之内。依照我国《专利法》及《专利法实施细则》的规定，被控侵权产品或方法缺少原告的发明或者实用新型专利权利要求中记载的必要技术特征，或者被控侵权产品或方法的技术特征与原告专利权利要求中对应必要技术特征相比有一项或者一项以上的技术特征有本质区别，不构成侵犯专利权。所谓的本质区别是指：

（1）该技术特征使被诉侵权技术方案构成了一项新的技术方案；

（2）该技术特征在功能、效果上明显优于权利要求中对应的技术特征，并且所属技术领域的普通技术人员认为这种变化具有实质性的改进，而不是显而易见的。

4. 不视为侵权的抗辩

专利权是一项独占性、垄断性的权利，未经专利权人同意，任何个人和单位都不得以营利为目的实施专利技术，但是专利权的过分垄断也会给社会公众利益带来不利影响，专利制度应兼顾专利权人和社会公共利益。基于维护公众利益与保护专利权人的利益之间的平衡关系，我国《专利法》第75条规定了五种不视为专利侵权的情况，分别为权利用尽原则、先用权原则、临时过境、科学实验目的、医药行政审批需要，这五种行为为法定的不侵权抗辩事由。在专利侵权诉讼中，若被控侵权人能够证明自己的行为属于《专利法》第75条规定的情形之一，则可以对抗专利权。

（1）专利权用尽抗辩。

专利权用尽是指专利产品或者依照专利方法直接获得的产品，由专利权人或者经其许可的单位、个人售出后，使用、许诺销售、销售、进口该产品，不视为侵犯专利权。专利产品一旦进入商品流通领域便不再受专利权人的控制，公众便可以自由地使用或再销售。使用专利权用尽抗辩包括：专利权人或者其被许可人在中国境内售出其专利产品或者依照专利方法直接获得产品后，购买者在中国境内使用、许诺销售、销售该产品；专利权人或者其被许可人在中国境外售出其专利产品或者依照专利方法直接获得产品后，购买者将该产品进口到中国境内以及随后在中国境内使用、许诺销售、销售该产品；专利权人或者其被许可人售出其专利产品的专用部件后，使用、许诺销售、销售该部件或将其组装制造专利产品；方法专利的专利权人或者其被许可人售出专门用于实施其专利方法的设备后，使用该设备实施该方法专利。

（2）先用权抗辩。

先用权是指某项发明创造在申请人提出专利申请以前，任何人已经制造相同产品、使用相同方法或者已经做好制造、使用的必要准备，在该发明创造授予专利权后，仍有继续在原有的范围内制造或者使用该项发明创造的权利。即使后来申请专利的人获得了专利权，具有先用权的单位或个人的制造或者使用行为也不视为侵犯了专利权。现实中存在相同的发明创造由不同的发明人分别做出的情况，先用权就是保护没有申请并获得专利权的另一个发明人的利益。专利侵权诉讼中，被控侵权人可以将先用权作为抗辩理由。在先使用权制度是为平衡在先使用人与专利权人的利益以及社会利益，而对专利权人的独占权进行的限制，应当严格限制在先使用权的适用条件。根据《专利法》规定，使用先用权进行抗辩应当同时具备以下条件。

第一，专利申请日以前，做好了制造、使用的必要准备。例如，已经完成实施发明创造所必需的主要技术图纸或者工艺文件，或者已经制造或者购买实施发明创造所必需的主要设备或者原材料等。

第二，仅在原有范围内继续制造、使用。原有范围包括专利申请日前已有的生产规模以及利用已有的生产设备或者根据已有的生产准备可以达到的生产规模。超出原有范围的制造、使用行为，构成侵犯专利权。

第三，在先制造产品或者在先使用的方法或设计，应是先用权人自己独立研究完成，而不是抄袭、窃取或者以其他不正当手段获取的。被诉侵权人以非法获得的技术或者设计主张先用权抗辩的，不应予以支持。

第四，先用权人对于自己在先实施的技术不能转让，除非连同所属企业一并转让。

（3）临时过境的抗辩。

临时通过中国领土、领水、领空的外国运输工具，依照其所属国同中国签订的协议，或者共同参加的国际条约，或者依照互惠原则，为运输工具自身需要而在其装置和设备中使用有关专利的，不视为侵犯专利权。但是临时过境不包括用交通运输工具对专利产品的"转运"，即从一个交通运输工具转到另一个交通运输工具的行为。这一规定是针对外国的交通工具，包括陆、海、空运输工具，临时通过我国领土、领水、领空，在其交通工具上使用我国有关专利的情况制定的。外国运输工具的所有人可能完全不知道我国有该项专利，如果要求他向我国专利权人取得使用该项专利的许可，未免过于严格。《保护工业产权巴黎公约》规定，船只、飞机或者车辆临时进入一国领域时，它们所使用的发明不认为侵犯该国的专利权。我国专利法也采用了《保护工业产权巴黎公约》的规定。但是交通工具所属国必须与我国订有协议或者共同参加国际条约（如《保护工业产权巴黎公约》），或者依照互惠原则才能适用这种规定，而且必须是为了运输工具自身需要而在其装置和设备中使用了专利。

（4）科学研究和实验使用抗辩。

根据我国《专利法》规定，专为科学研究和实验而使用有关专利，不视为侵犯专利权。这一规定的目的是鼓励开展科学研究，促进创新。为了科学研究和实验的目的使用有关专利，同为了生产经营的目的不同，它不是以营利为目的，而是为了促进技术进步。专为科学研究和实验是指专门针对专利技术方案本身进行的科学研究和实验，应当区别于对专利技术方案本身进行科学研究、实验和在科学研究、实验中使用专利技术方案。对专利技术方案本身进行科学研究实验，其目的是研究、验证、改进他人的专利技术，在已有专利技术的基础上产生新的技术成果。在科学研究、实验过程中使用专利技术方案，其目的不是为研究、改进他人的专利技术，而是利用专利技术方案作为手段进行其他技术的研究实验，或者是研究实施专利技术方案的商业前景等，其结果与专利技术没有直接关系。该种行为构成侵犯专利权。这里的使用有关专利的行为，包括该研究实验者自行制造、使用、进口有关专利产品或使用专利方法的行为，也包括他人为该研究试验者制造、进口有关专利产品的行为，不包括销售专利产品的行为，即使是把专利产品销售到科研机关、教学单位或实验室，也是侵犯专利权的行为。

（5）为提供行政审批抗辩。

根据我国《专利法》规定，为提供行政审批所需要的信息而制造、使用、进口专利药品或者专利医疗器械的，以及专门为其制造、进口专利药品或者专利医疗器械的，不视为侵犯专利权。这一规定的目的在于鼓励仿制药品及医疗器械的生产，在药品或医疗器械的有效专利保护期限届满之前，非专利权人为了进行药品或医疗器械的临床试验和申请生产许可，做好上市前的准备，可以不经专利权人许可制造、使用、进口专利药品或者专利医疗器械，以及专门为其制造、进口专利药品或者专利医疗器械。行政审批所需要的信息主要是《中华人民共和国药品管理法》《中华人民共和国药品管理法实施条例》以及《药品注册管理办法》等法律法规规定的实验资料、研究报告等。

5. 现有技术抗辩及现有设计抗辩

根据我国《专利法》规定，在专利侵权纠纷中，被控侵权人有证据证明其实施的技术或者设计属于现有技术或者现有设计的，不构成侵犯专利权。该规定即现有技术抗辩条款。根据该规定，如果被控侵权人使用的技术完全落入了原告专利的保护范围之内，被控侵权人能够证明其使用的技术或者设计属于现有技术或者现有设计，则不构成侵犯专利权。现有技术是指专利申请日以前在国内外为公众所知的技术。现有设计是指申请日以前在国内外为公众所知的设计，包括在国内外以出版物形式公开和以使用等方式公开的设计。被控侵权人以现有技术或者现有设计进行抗辩应当在侵权诉讼中主张，判断被诉侵权产品的外观设计是否与现有设计相同或相近似，并提供现有设计的相关证据。需要注意的是，抵触申请不属于现有技术，不能作为现有技术抗辩的理由。

6. 合法来源抗辩

合法来源抗辩系专利侵权审判实务中一种常见的抗辩类型，根据我国《专利法》规定，为生产经营目的，使用、许诺销售或者销售不知道是未经专利权人许可而制造并售出的专利产品或者依照专利方法直接获得的产品的行为，属于侵犯专利权行为。使用者或者销售者能证明其产品合法来源的，不承担赔偿责任，但是应当承担停止侵害的法律责任。合法来源抗辩的成立需要同时满足两个要件：一是侵权产品的使用者、许诺销售者或者销售者不知道其使用、许诺销售或者销售的是未经专利权人许可而制造并售出的专利侵权产品；二是使用、许诺销售或者销售的侵权产品具有合法来源。合法来源是指使用者或者销售者从合法的进货渠道，以合理的价格购买了被诉侵权产品，并提供相关票据。被控侵权人承担证明被控侵权产品具有合法来源的举证责任。

7. 诉讼时效抗辩

侵犯专利权的行为也属于民事侵权行为，法定的诉讼时效是三年，如果在侵权行为发生三年后起诉，被告可以主张诉讼时效抗辩。对于连续侵权行为，如果实施行为开始于三年诉讼时效之前，并持续至起诉之日或者三年诉讼时效之内，则依然构成侵权，但在计算赔偿数额时仅仅计算三年诉讼时效期间内的实施行为。

（三）现有技术抗辩实例分析

上诉人（原审被告）：梁山立华机电设备有限公司

被上诉人（原审原告）：山东水泊焊割设备制造有限公司

【一审原告诉求】

水泊公司向一审法院提出诉讼，请求判令立华公司与芃澄公司：（1）立即停止生产、许诺销售或销售、使用侵害水泊公司专利权的行为；（2）赔偿立华公司经济损失35万元及为维权所支出律师费28 000元、公证费6000元，共计384 000元；（3）承担本案诉讼费用。

【一审法院查明】

一审法院认定如下事实：（1）2013年10月16日，刘某某向国家知识产权局提出名称为"栏板自动焊接装置"的实用新型专利申请，于2014年3月26日获得授权公告，专利号为ZL20132063×××× .7。2018年5月14日，专利权人变更为水泊公司。专利权人按期缴纳年费，该专利处于有效的法律状态。水泊公司在本案中以涉案专利权利要求1主张保护范围。权利要求书中记载的内容为：（1）"栏板自动焊接装置"，其特征在于：包括横梁（32），横梁（32）上安装能沿横梁（32）横向移动的横移平台（38），横移平台（38）上安装纵向移动装置，纵向移动装置上安装竖向移动装置，竖向移动装置上设有焊枪机构固定座（8），焊枪机构固定座（8）上安装水平摆动机构，水平摆动机构上安装焊枪（1），横移平台（38）上还分别安装送丝机（10）和激光测距传感器支架

（30），激光测距传感器支架（30）上安装激光测距传感器（36），激光测距传感器（36）用于测量焊枪（1）与栏板之间的距离，激光测距传感器（36）与控制箱（31）连接。
（2）2018年6月19日，水泊公司的委托代理人与山东省梁山县公证处公证人员来到山东省新泰市羊流镇和圣路与平安路十字路口以东"山东博宇锅炉有限公司"南邻公司车间，对车间内存放的外部标识为"瓦楞板自动焊接设备、立华机电184×××2222"设备的外观进行录像和拍摄。公证人员对上述过程进行了公证，于2018年6月20日作出（2018）鲁梁山证民字第459号公证书。芃澄公司主张涉案产品系自立华公司购买，并提交了双方签订的工矿产品定作合同及发票。立华公司对该产品系其生产并销售给芃澄公司的事实没有异议。一审庭审中，将涉案被控侵权产品与水泊公司实用新型专利的权利要求1进行比对，水泊公司认为被诉侵权技术方案与权利要求1记载的全部技术特征相同。立华公司认为存在四点不同。

（1）被诉侵权技术方案没有涉案专利中的焊枪机构固定座，相应特征为支撑板。

（2）被诉侵权技术方案是圆弧摆动机构，与涉案专利的水平摆动机构不同。

（3）被诉侵权技术方案送丝机与焊机一体，与涉案专利的送丝机不同。

（4）被诉侵权技术方案采用双激光扫描装置。水泊公司为本案支出律师费28 000元，公证费6000元。水泊公司成立于2004年5月13日，经营范围包括制造、销售、维修、焊接、切割、机械设备等，系其他有限责任公司，注册资本29 259 200元。立华公司成立于2010年12月17日，系有限责任公司（自然人独资），注册资本300万元，经营范围包括机电设备、机电配件、模具、刀片、挂车配件、收割机配件、农机配件的销售。

【一审法院认为】

一审法院认为，涉案名称为"栏板自动焊接装置"（专利号为ZL20132063××××.7）的实用新型专利合法有效，法律状态稳定，水泊公司作为专利权人，其合法权益依法应予保护。依照《中华人民共和国专利法》第59条第1款规定，实用新型专利权的保护范围以其权利要求的内容为准，说明书及附图可以用于解释权利要求的内容。依照《最高人民法院关于审理侵犯专利权纠纷案件应用法律若干问题的解释》（法释〔2009〕21号）第7条的规定，人民法院判定被诉侵权技术方案是否落入专利权的保护范围时，应当审查权利人主张的权利要求所记载的全部技术特征。被诉侵权技术方案包含与权利要求记载的全部技术特征相同或者等同的技术特征的，人民法院应当认定其落入专利权的保护范围。本案中，立华公司称被诉侵权技术与涉案专利技术相比，存在上述四点不同。一审法院认为，被诉侵权技术方案中的支撑板与涉案专利技术中的焊枪机构固定座、被诉侵权技术方案中的圆弧摆动机构与涉案专利技术水平摆动机构均没有实质性不同，只是名称的不同，属于相同的技术特征。被诉侵权技术方案中送丝机与焊机一体机、双激光扫描装置，包含了涉案专利中送丝机、激光测距传感器

の全部手段、功能和效果，亦属于相同的技术特征。综上，被

的全部手段、功能和效果，亦属于相同的技术特征。综上，被控侵权产品包含涉案专利权利要求 1 记载的全部技术特征，落入涉案专利权的保护范围。《中华人民共和国专利法》第 11 条第 1 款规定，发明和实用新型专利权被授予后，除本法另有规定的以外，任何单位或者个人未经专利权人许可，都不得实施其专利，即不得为生产经营目的制造、使用、许诺销售、销售、进口其专利产品，或者使用其专利方法以及使用、许诺销售、销售、进口依照该专利方法直接获得的产品。本案中，芃澄公司销售涉案产品的行为侵犯了水泊公司的专利权，应承担停止侵权的法律责任。因芃澄公司提交了工矿产品定作合同及发票，立华公司对该产品系其生产并销售给芃澄公司的事实亦没有异议，芃澄公司不知道是未经专利权人许可而制造并售出的专利侵权产品，且能证明涉案产品的合法来源，其依法不承担赔偿责任。立华公司未经水泊公司许可，为生产经营目的制造、销售侵犯水泊公司涉案专利权的产品，应承担停止侵权、赔偿损失的法律责任。关于赔偿经济损失及合理费用的数额，因水泊公司未能提供证据证明其因侵权受到实际损失或者立华公司因侵权所获得利益的具体数额，一审法院综合考虑涉案专利权的类型、侵权行为性质与情节、立华公司经营规模、水泊公司为本次诉讼支出的合理费用等因素，对立华公司应承担的赔偿数额予以酌定。综上，一审法院依照《中华人民共和国专利法》第 11 条第 1 款、第 59 条第 1 款、第 65 条、第 70 条，《最高人民法院关于审理侵犯专利权纠纷案件应用法律若干问题的解释》（法释〔2009〕21 号）第 7 条规定，判决：

（1）芃澄公司立即停止销售侵犯水泊公司"栏板自动焊接装置"（专利号为 ZL20132063×××.7）实用新型专利权的产品的行为；

（2）立华公司立即停止制造、销售侵犯水泊公司"栏板自动焊接装置"（专利号为 ZL20132063×××.7）的实用新型专利权的产品的行为；

（3）立华公司于判决生效之日起十日内赔偿水泊公司经济损失及合理费用共计 25 万元；

（4）驳回水泊公司的其他诉讼请求。如果未按照判决指定的期间履行给付金钱义务，应当依照《中华人民共和国民事诉讼法》第 253 条之规定，加倍支付迟延履行期间的债务利息。案件受理费 7060 元，由水泊公司负担 1060 元，立华公司负担 6000 元。

本院二审查明：针对涉案专利，国家知识产权局于 2019 年 2 月 15 日作出《实用新型专利权评价报告》，认为涉案专利与对比文件 1（CN103273233A）的区别技术特征在于：

（1）焊接对象为栏板，焊枪机构固定座上安装水平摆动机构，水平摆动机构上安装焊枪；

（2）横移平台上还分别安装送丝机和激光测距传感器支架，激光测距传感器支架上安装激光测距传感器，激光测距传感器用于测量焊枪与栏板之间的距离，激光测距传感器与控制箱连接。但认为在对比文件 1 的基础上结合对比文件 2（CN202291770U）以及本领域公知常识得出权利要求 1 保护的技术方案是显而易见的，因此得出结论：权利要求 1—6 不符合授予专利权条件。2019 年 6 月 20 日，国家知识产权局对上述评价报告作出更正，认为涉案专利权利要求 1 与对比文件 1（CN103273233A）的区别是：该自动焊接装置用来焊接栏板，焊枪机构固定座上安装水平摆动机构，水平摆动机构上安装焊枪；横移平台上还分别安装送丝机和激光测距传感器支架，激光测距传感器支架上安装激光测距传感器，激光测距传感器用于测量焊枪与栏板之间的距离，激光测距传感器与控制箱连接。但认为，"横移平台上还分别安装送丝机和激光测距传感器支架，激光测距传感器支架上安装激光测距传感器，激光测距传感器用于测量焊枪与栏板之间的距离，激光测距传感器与控制箱连接"的技术特征并未被对比文件 1 公开，对比文件 2（CN202291770U）也仅公开了其中的激光测距传感器，对比文件 2 并未给出技术启示，因此，权利要求 1 相对于对比文件 1、2 的结合具有创造性，故得出结论：全部权利要求 1—8 未发现存在不符合授予专利权条件的缺陷。案外人梁山劲强数控设备有限公司针对涉案专利提起无效宣告请求，并提供了本案中立华公司作为现有技术抗辩证据的"基于激光测距的焊接轨迹检测与控制"硕士学位论文以及该论文作者作为发明人的"基于激光测距的集装箱波纹板焊接轨迹检测与控制系统"的发明专利申请公布文本一份。硕士论文研究了基于激光测距传感器的集装箱波纹板自动焊接技术和平板对接焊缝的自动焊接技术，研究基于激光测距技术和三自由度机器人机构的集装箱波纹板焊接轨迹检测与控制系统，从根本上解决波纹板自动焊接中的轨迹检测控制难题。波纹板自动焊接系统结构包括水平行走运动机构、焊枪升降运动机构、焊枪摆动驱动机构。"基于激光测距的集装箱波纹板焊接轨迹检测与控制系统"发明专利具体公开了：焊枪空间位置及姿态调整机构包括横向移动机构、升降调节机构、摆动机构和传感器固定装置，横向移动机构一端固定于机架上，升降调节机构上部滑动设置于横向移动机构上，升降调节机构通过向心架分别与摆动机构和传感器固定装置连接，传感器固定装置上设有激光位移传感器。2019年9月4日，专利复审委员会作出第41421号无效宣告请求审查决定书，维持涉案专利权有效。理由是：上述"基于激光测距的集装箱波纹板焊接轨迹检测和控制系统"发明专利申请公布文本并未公开本专利的竖向移动机构，相关论文同样未公开上述区别技术特征。2019年10月8日，立华公司对该无效宣告决定书向北京知识产权法院提起行政诉讼，北京知识产权法院已立案受理。上述事实，有当事人二审提供的《实用新型专利权评价报告》《实用新型专利权评价报告（更正）》《无效宣告请求审查决定书》以及立案通知书在案佐证。

【上诉人诉求】

立华公司上诉请求：撤销一审判决，驳回水泊公司的诉讼请求，本案一审、二审案件受理费由水泊公司负担。事实与理由如下。

（1）水泊公司主张的立华公司实施的制造、销售行为发生在2017年，而水泊公司取得涉案专利权的时间是2018年5月14日，因此，水泊公司并非立华公司实施被控侵权行为时的专利权人，对被控侵权行为无权提起诉讼。

（2）立华公司制造、销售被控侵权设备是在现有技术方案基础上改进的，不构成侵权。

（3）水泊公司的涉案专利权不具有稳定性，立华公司已经申请宣告涉案专利权无效。

【被上诉人答辩】

水泊公司答辩称：

（1）立华公司的侵权行为是持续行为，水泊公司有权提起诉讼，且水泊公司与专利权人达成了补充协议，明确了本案专利侵权诉讼权利由水泊公司行使。

（2）涉案专利权合法有效，稳定性高，立华公司的被控侵权产品技术特征包含涉案专利权利要求1的全部技术特征，构成侵权。

（3）立华公司的现有技术抗辩不能成立，应承担侵权责任。

（4）针对涉案无效宣告请求，国家知识产权局专利复审委员会（以下简称"复审委"）已经作出决定，维持涉案专利权有效。

【二审法院认为】

二审法院认为，根据《最高人民法院关于审理专利纠纷案件适用法律问题的若干规定》第2条，对实用新型专利提起侵犯专利权诉讼，原告可以出具由国务院专利行政部门作出的专利权评价报告。根据案件审理需要，人民法院可以要求原告提交检索报告或者专利权评价报告。原告无正当理由不提交的，人民法院可以裁定中止诉讼或者判令原告承担可能的不利后果。之所以如此规定，是因为在我国现行的专利审查制度中，实用新型专利不经过实质审查，而专利权评价报告可以为法院考量实用新型专利权的效力稳定性提供参考。但该案中，立华公司与水泊公司先后提供了两份专利权评价报告，一份认定涉案专利权利要求1—6不符合授予专利权条件，另一份认定涉案专利全部权利要求1—8未发现存在不符合授予专利权条件的缺陷。虽然水泊公司提供了专利复审委维持涉案专利有效的决定书，但立华公司已对该决定书提起行政诉讼并已经立案，专利复审委的决定书尚未生效。综合考虑上述事实，二审法院认为，涉案实用新型专利权现并非处于稳定状态，此种情形下，根据《中华人民共和国专利法》第47条"宣告无效的专利权视为自始即不存在。宣告专利权无效的决定，对在宣告专利权无效前人民法院作出并已执行的专利侵权的判决、调解书，已经履行或者强制执行的专利侵权纠纷处理决定，以及已经履行的专利实施许可合同和专利权转让合同，不具有追溯力。但是因专利权人的恶意给他人造成的损失，应当给予赔偿"的规定，如果之后涉案专利权被宣告无效，法院此前作出裁决并执行可能会损害立华公司的相关权益。故为维护双方当事人的合法权益，从公平角度出发，二审法院参照《最高人民法院关于审理侵犯专利权纠纷案件应用法律若干问题的解释（二）》第2条的规定，裁定驳回水泊公司的起诉，如果涉案无效宣告请求审查决定书被生效行政判决维持有效的，水泊公司可以另行提起诉讼。

【判决结果】

因该案二审中出现新的证据，导致一审法院据以作出判决的事实发生变化，故二审法院依照《中华人民共和国民事诉讼法》第 170 条第 1 款第 2 项规定，判决如下：（1）撤销山东省济南市中级人民法院（2018）鲁 01 民初 1487 号民事判决；（2）驳回山东水泊焊割设备制造有限公司的起诉。一审案件受理费 7060 元，退回山东水泊焊割设备制造有限公司；梁山立华机电设备有限公司预缴的二审案件受理费 7060 元予以退回。本裁定为终审裁定。

该案现有技术与专利方案比较抗辩分析如下。

1. 该案被控侵权产品的技术方案

该案被控侵权产品的技术方案，也就是上诉人立华公司制造、销售给原审被告芃澄公司的"瓦楞板自动焊接设备"，是一种用于瓦楞板焊接的激光跟踪焊接装置，其特征在于，包括控制部及执行部，所述控制部包括由 PLC 构成的控制执行部工作的运动控制器，所述执行部包括焊枪装置、激光扫描装置及驱动装置，所述焊枪装置、激光扫描装置均与驱动装置相连，所述焊枪装置、激光扫描装置间设有间距。所述驱动装置能够驱动焊枪在 X 轴、Y 轴、Z 轴、U 轴移动。

根据公证书拍摄的被控侵权产品的照片，其特征可以划分为：

（1）横梁、滑轨、X 轴；

（2）能沿横梁滑轨滑动的小车平台；

（3）小车平台上的纵向移动机构、Y 轴；

（4）竖向移动机构、Z 轴；

（5）竖向移动机构设置的支板；

（6）支板上设置的圆弧摆动机构；

（7）圆弧摆动机构上安装的焊枪；

（8）激光扫描装置的支架；

（9）水平激光探头和垂直激光探头；

（10）控制柜；

（11）小车平台上安装的焊机。

2. 现有技术

现有技术 1：《基于激光测距的焊接轨迹检测与控制》硕士学位论文，于 2009 年 5 月 6 日公开发表在中国知网，在涉案专利申请日之前，属于现有技术。

现有技术 1 公开了一种基于激光测距的焊接轨迹检测与控制系统，该焊接轨迹检测与控制系统主要由水平行走机构、焊枪空间位置及姿态（倾角、摆动）调整机构、激光位移传感器、主控制器、继电器输出板、送丝机等组成，其中继电器输出板、电源、电源滤波器等装在主控制器中。详见：论文第 1 页摘要部分第 5 段；第 7 页"波纹板自动焊接系统结构组成"；第 8 页第 1 段；第 47 页图 3.1。

现有技术 2：名称为"一种瓦楞形板自动焊机"的发明专利申请公布说明书，公开号 CN1907624A（申请号 2006100215583.3），申请日为 2006 年 8 月 8 日，公开日为 2007 年 2 月 7 日，在涉案专利申请日之前，属于现有技术。

现有技术 2 公开了一种瓦楞形板自动焊机，包括机体和设置在机体底端的活动小车，所述机体包括：行走系统，该系统设置有长轴、短轴、长轴驱动电机和短轴执行电机，长轴与长轴驱动电机通过齿轮齿条连接，短轴驱动电机的转动轴通过齿轮与短轴连接；焊缝跟踪系统包括水平跟踪执行机构、垂直方向跟踪执行机构；焊枪摆角机构包括基座、弧形回转盘、焊枪夹持器、焊枪夹持器固定机构和电机驱动机构等组件；控制系统包括由主控柜及控制面板组成，由输入模块、微处理模块、存储模块、电源模块、焊枪摆角机构执行模块、行走系统执行模块、焊缝跟踪模块构成。

3. 被控侵权技术方案与现有技术方案的技术特征比对分析

（1）被控侵权产品和现有技术 1 技术方案的技术特征比对分析（见表 9-1）。

表 9-1　被控侵权产品和现有技术 1 技术方案的技术特征比对

序号	被控侵权产品的技术特征	现有技术 1 的技术方案	说明
1	被控侵权产品名称：瓦楞板自动焊接设备	第二章"集装箱波纹板自动焊接轨迹检测与控制"（第 7 页）	两者属于相同的技术领域，瓦楞板和波纹板均是对焊接对象的描述，由论文第 9 页图 2.2 可知波纹板的横截面和瓦楞板的横截面完全相同
2	横梁、滑轨、X 轴（1）	水平行走运动机构（第 7 页图 2.1；第 8 页第 5 段；第 11 页）；"焊枪 X 方向位置伺服驱动机构"（第 47 页图 3.1）	相同

续表

序号	被控侵权产品的技术特征	现有技术1的技术方案	说明
3	能沿横梁滑轨滑动的小车平台（2）	水平行走机构的组成部分	相同
4	小车平台上的纵向移动机构、Y轴（3）	"开发了基于激光测距技术的三自由度集装箱波纹板焊接轨迹检测与控制系统"（论文第1页第5段；第5页第2段）；"焊枪Y方向位置伺服驱动机构"（第47页图3.1）	相同
5	竖向移动机构、Z轴（4）	"焊枪升降运动机构"（第7页图2.1）；"该机构中焊枪升降传动部分由伺服电机驱动，带动焊枪做上下位置调整"（第8页最后1段）；"焊枪Z方向位置伺服驱动机构"（第47页图3.1）	相同
6	竖向移动机构设置的支板（5）	未具体公开	支板的作用是固定焊枪摆动机构和焊枪，论文虽未具体公开支板，但属于焊枪空间位置及姿态的组成部分，明显属于公知常识
7	支板上设置的圆弧摆动机构（6）	焊枪摆动驱动机构（第7页图2.1）焊枪倾角调节机械机构（第10页最后1段）；焊枪摆动控制模块设计（第20页）	相同
8	圆弧摆动机构上安装的焊枪（7）	焊枪空间位置及姿态的组成部分（第8页最后1段）	相同

续表

序号	被控侵权产品的技术特征	现有技术 1 的技术方案	说明
9	激光扫描装置的支架（8）	未具体公开	支架的作用是固定激光扫描装置，论文虽未具体公开支架，但属于水平行走机构的组成部分，明显属于公知常识
10	水平激光探头和垂直激光探头（9）	激光位移传感器（第7页图 2.1；第 12 页；第 47 页图 3.1）	相同
11	控制柜（10）	其中继电器输出板、电源、电源滤波器等装在主控制器中（第 8 页第 1 段）	相同
12	小车平台上安装的焊机（11）	焊机、送丝机（第 8 页第 1 段）	相同

（2）被控侵权产品和现有技术 2 技术方案的技术特征比对分析（见表 9-2）。

表 9-2　被控侵权产品和现有技术 2 技术方案的技术特征比对

序号	被控侵权产品的技术特征	现有技术 2 的技术方案	说明
1	被控侵权产品名称：瓦楞板自动焊接设备	"一种瓦楞形板自动焊机"	两者属于相同的技术领域和焊接对象
2	横梁、滑轨、X 轴（1）	长轴（X 轴），附图标记（1）	相同
3	能沿横梁滑轨滑动的小车平台（2）	活动小车，附图标记（2）	相同
4	小车平台上的纵向移动机构、Y 轴（3）	短轴驱动的"水平跟踪执行机构"，附图标记（3）	相同

续表

序号	被控侵权产品的技术特征	现有技术 2 的技术方案	说明
5	竖向移动机构、Z 轴 (4)	垂直驱动电机驱动的"垂直方向跟踪执行机构，附图标记 (9)	相同
6	竖向移动机构设置的支板 (5)	基座（支架），附图标记 (4)	相同
7	支板上设置的圆弧摆动机构 (6)	焊枪摆角机构［包括基座 (4)、弧形回转盘 (16)、焊枪夹持器等 (14) ］	相同
8	圆弧摆动机构上安装的焊枪 (7)	焊枪 (15)	相同
9	激光扫描装置的支架 (8)	水平行面跟踪电机 (13) 支架的前端	相同
10	水平激光探头和垂直激光探头 (9)	垂直跟踪探头 (5) 和水平跟踪探头 (17)	相同
11	控制柜 (10)	主控柜（第 8 页具体实施方式 13 行）	相同
12	小车平台上安装的焊机 (11)	未具体公开	现有技术 2 中没有明确提出焊机的安装位置，但要实现焊接必须有焊机，这是公知常识，至于焊机的安装位置，技术人员根据需要可以安装在小车平台上，这也是本领域技术人员很容易想到的方式

　　基于上述被控侵权技术方案技术特征与现有技术的对比可知，上诉人立华公司实施的技术属于现有技术。根据《中华人民共和国专利法》（2008）第 62 条规定，在专利侵权纠纷中，被控侵权人有证据证明其实施的技术或者设计属于现有技

术或者现有设计的，不构成侵犯专利权。因此，上诉人立华公司不构成侵犯专利权。

二、侵犯专利权诉讼中原告证据调查

我国现行《民事诉讼法》第 67 条第 1 款规定"当事人对自己提出的主张，有责任提供证据"。即"谁主张，谁举证"原则，在侵犯专利权诉讼中，证据居于核心地位，取得充分、有效证据是胜诉的关键。权利人对侵权证据收集得是否全面、准确、充分，直接关系到法院最终的事实认定和裁判结果。如果原告举证不能或者所举证据不能或者不能完全证明自己的权利被侵害，被告的侵权行为不成立，原告的主张便得不到人民法院的支持。

知识产权是基于人的智力创造性劳动成果而依照法律所产生的权利。专利权是指专利所有人或持有人或他们的继受人在一定期限内享有的对该专利的独占权。专利权作为知识产权的一种，其客体是发明、实用新型和外观设计，属于无形的智力成果，智力成果是脑力劳动创造的无形财富，不具有物质形态，不占有一定的空间，客观上无法被人们实际占有。专利权客体的无形性决定了侵犯者的侵犯方式不是传统的占有，而是假冒、擅自使用等方式。这使专利权比有形财产所有权更容易被他人侵犯，而且不易被发现和证明。这就对原告的调查取证提出了较高要求。

（一） 侵犯专利权诉讼中原告的取证范围

1. 证明原告适格的证据

在侵犯专利权诉讼中，原告首先需要证明：

（1） 该当事人是该权利的拥有者或其利害关系人；

（2） 该专利权在中国合法、有效。权利证据主要包括：国务院专利行政部门颁发的专利证书原件、国务院专利行政部门公布的授权权利要求书、说明书及附图文件原件。如果是实用新型专利，则最好还要有国家知识产权局发布的证明该实用新型具有专利性的检索报告；

（3） 最近一次缴纳年费的收据；

（4） 实施许可合同。

2. 证明被告实施了侵犯其专利权行为的证据

构成专利侵权的前提是必须要有侵权行为。因此，证明侵权者确实实施了侵犯专利权的行为的证据在专利侵权诉讼中至关重要。当事人所提供的被告实施侵犯其专利权行为的证据，要能够证明被告实施了或正在实施被控侵权行为。这些方面的证据主要包括：

（1） 被告生产的被控侵权产品，这是侵权行为的直接证据；

（2） 侵权产品的促销宣传材料、侵权产品说明书、侵权产品的销售发票、侵权产品的照片、被告与他人签订的买卖合同或转让合同等间接证据；

（3）被控侵权产品的销售和使用者明知该产品是侵权产品而仍然进行销售和使用的证据。

3. 有关损害赔偿数额的证据

我国《专利法》规定，侵犯专利权的赔偿数额，按照权利人因被侵权所受到的损失或者侵权人因侵权所获得的利益确定；被侵权人的损失或者侵权人获得的利益难以确定的，参照该专利许可使用费的倍数合理确定。

在实践中，应当由原告选择最有利的计算方法，保护自身的合法利益，并据此提交相应的证据。这类证据主要有：

（1）证明因对方的侵权行为，自己专利产品的销售量减少或销售价格降低以及其他多付出的费用或少收入等损失的证据；

（2）证明侵权者的销售量、销售时间、销售价格、销售成本及销售利润等的证据；

（3）已经生效履行的专利权人与第三人的专利许可证协议。

4. 有关侵权人情况的证据

常言道，知己知彼，百战百胜。因此，侵权者确切的名称、地址、企业性质、注册资金、人员数、经营范围等情况，都是专利权人首先应了解的。了解这些情况对专利权人对付专利侵权应采取什么样的策略非常重要。

（二）专利诉讼的取证方法

侵犯专利权案件，原告败诉概率较高，以至于很多专利权人宁可容忍侵权行为，也不愿意起诉，其根本原因在于：侵犯专利权案件调查取证难。侵犯专利权案件的特殊属性，决定了侵犯知识产权案件的调查取证方式也具有特殊性。专利诉讼的取证方法主要有四种：原告自行取证和委托律师调查取证；申请公证机关进行证据保全；申请法院进行诉前证据保全；申请人民法院调取证据。

1. 原告自行取证和委托律师调查取证

原告本身与案件有切身的利害关系，自己调查取证当然可以，而且往往是权利证据的主要提供者，但是其提供的证据往往具有一定的水分，由于专利案件专业性较强，由权利人自行取证，对取证的方向和范围把握会有一定的难度。最好聘请精通专利业务的律师代理取证。律师不仅具有丰富的法律知识，而且具有丰富的办案经验和熟练的诉讼技巧，能在不同的诉讼阶段为当事人作出适当的选择。一般说来，律师调查取证要比当事人调查取证方便得多，收集证据的范围也更加广泛、精确。律师具有法定的调查取证权，在司法实践中法官往往也会为律师提供更多的便利。

2. 申请公证机关进行证据保全

保全证据公证是指国家公证机关根据当事人的申请，对与申请人权益有关的、日后可能灭失或以后难以取得的证据，依法进行事先收存或固定，以保持证据的真实性和证明力的活动。

（1）公证机关进行证据保全的必要性。

侵犯专利权行为隐蔽性强、证据容易灭失，使侵犯专利权诉讼证据的收集比传统民事案件困难得多，再加上当事人或律师取证本身证明效力的局限性，而申请诉讼证据保全手续烦琐。在实践中，为了解决侵犯专利权案件取证难的问题，公证取证便成为最重要、最普遍的取证方式。公证机关保全证据可以有效地防止证据灭失，为人民法院和行政机关及时解决纠纷和诉讼提供可靠的事实根据，对保护公民、法人的合法权益具有重要意义。在侵犯专利权诉讼的司法实践中，绝大部分的案件在审理中都有公证书的身影，胜诉的案件更是如此。

（2）公证机关进行证据保全的可行性。

首先，公证证据保全具有鲜明的社会公信力。公证机关的法定业务之一便是"保全证据"。公证证据具有推定为真的效果。根据《民事诉讼法》第72条的规定，经过法定程序公证证明的证据，人民法院应当作为认定事实的依据，但有相反证据足以推翻公证证明的除外。由此可见，在对某些证据的收集过程中，如果有公证机关依照公证程序对这些事实进行了公证，该证据就可以作为法院的定案根据，否则，一旦被告对原告自行收集的证据提出异议，原告就会陷入被动。其次，公证证据保全迅捷、方便、适用面广，功能显著。向公证机关提出证据保全公证申请，只要手续齐备，公证人员基本可以随时前往，而不像法院的证据保全程序比较严格，需在48小时内作出裁定，而且法院进行诉前证据保全时，当事人有时需承担一定的担保责任，而其在公证机关的协助下取证则无须承担此种责任。所以，知识产权诉讼前保全证据公证有利于维护当事人自身利益，同时减少了人民法院诉前证据保全的巨大工作量，节省了有限的司法资源，有利于社会公共利益。证据保全公证本身是一项非诉讼活动，适用范围极为广泛，无论是诉讼前还是诉讼过程中，都可以发挥证据保全公证的作用。

（3）公证机关进行证据保全的措施和方法。

知识产权侵权诉讼中的保全证据公证主要用以确定侵权人、侵权物以及侵权行为状态等，对不同的证据，根据具体案件情况可以采用封签、制图、拍照、录音、录像、复制、鉴定、勘验、制作笔录等方法和措施。现结合证据种类就几种常见的措施和方法作简单介绍。

证人证言，对这类证据采取询问当事人和证人的方法，由公证人员记录下来，使之成为不易灭失或失真的书面形式加以保存，防止当事人和证人以后主观上的歪曲和篡改。

物证，主要是侵犯专利权的产品。采取保存原物、封存或现场勘验，对不易收存的物证进行现场勘验，制作勘验笔录或采用照相、录像、制图或制作模型等方法加以提取。

书证，是侵犯专利权案件中比较普遍的一种证据形式，具体又可分为文件、证书、合同、技术资料等几种。采取保存原件、封存或制作复制件等方法予以保存。

视听资料，即能够证明事实真相的照片、录音、录像资料、电脑资料等。采用保存录像带、录音带、刻录光盘、拷贝软盘、下载打印等方式来固定证据。

行为过程和事实。对当事人依法所实施行为的时间、地点、行为过程进行的保全；对有法律意义的一些事实予以保全。采取录音、录像、记录等方式固定证据。例如，对原告或其代理人以普通消费者（或客户）身份购买被控侵权产品的过程进行公证，同时对所购产品进行证据保全。

3. 申请法院进行诉前证据保全

2001 年 7 月 1 日起施行的《关于诉前停止侵犯专利权行为适用法律问题的若干规定》（法释〔2001〕20 号）第 16 条也规定了诉前证据保全。申请诉前证据保全在专利侵权案件中大量存在。保全措施后，当事人或利害关系人应在法定时间段提起诉讼。如果没有向法院提起诉讼，则此种保全措施应当予以解除，或者将有关证据予以销毁或发还，同时申请人还要就此所造成的损失承担赔偿责任。2005 年 8 月，陈某某诉济南某公司侵犯专利权纠纷一案原告就申请法院进行了诉前证据保全。法院在济南某公司查到侵权产品，并进行了拍照留存证据。

4. 申请人民法院调取证据

我国《民事诉讼法》第 67 条规定：当事人及其诉讼代理人因客观原因不能自行收集的证据，或者人民法院认为审理案件需要的证据，人民法院应当调查收集。基于此，当事人往往在提起专利侵权诉讼的同时，提出一份调取证据申请，调取的证据通常分为三类：第一，保全被控侵权产品；第二，调查被控侵权单位的财务账册，以便确定赔偿额；第三，调取被控侵权人存在侵权的证据。根据《民事诉讼法》及最高人民法院有关司法解释的规定，法院调查收集证据有两种运作方式。一是主动依职权调查收集证据。在涉及可能有损国家利益、社会公共利益或者他人合法权益的事实以及有关程序事项时，法院应当主动依职权调查和收集证据，而无须当事人提出取证申请。二是根据当事人的申请取证。在法院主动依职权调取证据的范围被缩小了以后，当事人提出证据调查的申请变得日益重要。如果缺乏当事人及时提出的证据调查申请，法院一般不主动调查证据。在当事人提出证据调查申请后，法院是否启动调查取证的机制还取决于法院的审查判断，只有在当事人提出的该项申请符合法院取证范围时，法院才有义务调查取证，否则法院应当驳回该项申请。当事人申请法院调查取证应当注意两点：一是申请调查的证据范围，必须符合法定情形；二是此项申请必须注意举证时限。

法院通常采取的措施是对易拍照的被控侵权产品采用拍照的方式，或者是采用记录下被控侵权产品的技术特征的方式，对易于调取的书籍、商标实物等采用扣押、提取等手法，而对于被控侵权人的财务账册往往因侵权人的阻挠或隐藏而极难得到。

5. 申请行政机关调查取证

我国的《专利行政执法办法》第五章对调查取证有专章规定。管理专利工作的部门在查处案件的过程中，可以根据需要依职权调查收集有关证据。可以查阅、复制与案件有关的合同、账册等有关文件；询问当事人和证人；采用测量、拍照、摄像等方式进行现场勘验。涉嫌侵犯制造方法专利权的，管理专利工作的部门可以要求被调查人进行现场演示。涉及产品专利的，可以从涉嫌侵权的产品中抽取样品。专利权人可以在提起民事诉讼之前、之后或诉讼过程中，向管理专利工作的部门报案，要求查处侵权人侵犯专利权的行为，借以取得证据用于诉讼。

（三）建　　议

在立法上，国家应规定律师见证的证据保全方式，赋予其与公证保全证据同样的法律效力，以更好地保护权利人的合法权益。当前，公证机关带有行政机关的性质，公证机关面对 8 小时以外的时间和节假日的侵权证据无法公证。人民法院同样也存在 8 小时工作制的问题，而且法院保全证据的条件很多、程序复杂，更重要的是随着时间的流逝丧失了取证时机。律师见证及时、方便、灵活、快捷，而且律师具有法律知识与相应的法律业务专长。现行《中华人民共和国律师法》第 35 条第 2 款规定，律师自行调查取证的，凭律师执业证书和律师事务所证明，可以向有关单位或者个人调查与承办法律事务有关的情况。现阶段律师见证的法律属性应归为"人证"或"私证"，而且律师见证的范围有一定的局限。

三、侵犯专利权诉讼中归责原则适用

随着我国知识产权基本立法的逐渐完成，以及知识产权司法与行政执法的逐步加强，国民的知识产权自我保护意识及尊重他人权利意识日渐形成及提高，使知识产权领域越来越受到公众的关注。但是司法实践中出现的一系列问题，引发了笔者对侵犯专利权归责问题的思考。

（一） 有关侵犯专利权法律规定的理论探讨

权利的一个重要层面便是其受保障的特性，作为专利法重要组成部分的侵犯专利权法律规定，它是以禁止权的方式赋予专利权人一定的保障手段，同时也是为专利权人以外的其他社会主体规定的一种积极义务或消极义务。当专利权人认为其专利权受到侵害时，提出救济要求的重要依据便是专利法中的侵权法律规定，同时侵犯专利权法律规定又是司法者为专利权人提供司法救济的根据。因此，专利法中的侵权责任规范适当与否决定专利权的实现程度。人们对专利法中的侵权责任规范有什么样的需求，而且专利法中的侵权责任规范又能满足人们的何种需求，是不得不探讨的一个问题。

1. 专利法中侵权责任规范的秩序与安全维护价值

秩序是指在自然界和社会进程运转中存在的某种程度的前后连续性、一致性和稳定性。在自然界和社会生活中，呈现出极大的一致性和一些恒久不变的特征，人类正是利用这些一致性和恒久特征来预期其行为效果，从而作出生活安排。秩序是人类之所以能够结为群体和社会而共同生活绵延的起码条件，即使处在野蛮状态的人类，也存在对秩序的需要。如果人类的社会生活及自然界缺乏规则性和秩序，经常支配人类生活的是一个事态到另一个事态的不可预测的突变情形，那么人类就会如同木偶一般，被反复无常、完全失控的意外折腾得翻来覆去。一切理智的、有意义的、有目的的生活的所有努力，在一个混乱不堪的世界里都会遭阻受挫。在不同的社会中，秩序的构成标准和实现方式各不相同。现代社会的秩序中，对自由和财富更加注重，同时对自由和财富提供安全保障也是秩序的重要任务。社会资源的有限性与人类欲望的无限性之间总是存在冲突，在对相对稀缺的社会资源的占有中必然会产生种种纠纷，安全是人们一系列生存价值和实现价值在社会冲突背景下的集中体现。如果人的生命、自由，以及作为生命、自由之前提和物质基础的财产时刻笼罩在侵害和灾祸的阴影之中，则一切善良美好的生命存在都无从谈起。秩序并不是自动生效的，随着社会进步，提供较强规范性社会控制程度的法律起着秩序的创造和维护作用。法律对秩序的创造和维护是通过三种途径实现的：界定和确认权利；规定义务；损害救济。

侵犯专利权的责任规定应当满足人类对秩序和安全的需要，这种秩序和安全体现为专利权人对发明创造及其上的权利享有、他人对这种权利不侵犯的义务及侵害发生后的救济。知识是公共幸福的源泉，一个有关社会公共福利的制度如果在社会生活中发挥了良好的社会效果，知识一定起了重要的作用。社会的发展依赖于人类观念的进化和文明程度的提高，而知识积累促进了人类精神的发达。为了鼓励发明创造，从而推广发明创造，侵犯专利权的责任规定通过制止他人对专利权人拥有的权利的侵夺和妨害，使专利权人不必担心因遭受侵权所导致的权利丧失或消减，从而维护了发明人或设计人的创造热情，保护了知识源泉的不断再生。如果难以提供这种秩序与安全需要的满足手段，任何人均可对专利权人的权利巧取豪夺、无偿占有，或者专利权人的权利遭受侵害后要长期艰难地跋涉在寻求救济的路途中，那么发明人或设计人作为理性之人在进行投入与收益的比较之后，可能会放弃或减少发明创造，从而导致创新源泉的枯萎，毁灭了社会发展所必需的知识支持力量。

2. 专利法中的侵权责任规范应体现公平的利益分配观念

如果一个社会给发挥个人积极性和自我主张留有余地，那么在相互矛盾的个人利益之间肯定会有冲突和碰撞。两个人共同垂涎于一件财产并各尽所能地获得过程中可能会有严重的争议，一个人对他人造成损害被要求进行赔偿时可能会拒绝承担赔偿他人损失的义务或责任。法律在现代社会是这些相互冲突的利益的主要安排和分配手段，由其对相互对立的利益进行调整以及对它们的先后顺序予以安排。正义是法律的永恒话题，而公平是法律正义在分配领域的具体体现。一个健全的社会，不仅需要有公平的利益分配制度，而且需要有公平的风险和损失分配制度，而现代侵权法所涉及的不仅是社会发展所必须带来的风险和损失分配，还涉及利益分配问题，侵权法在其进行风险损失及利益分配时依据的公平的标准是什么？如何实现这种公平，以及社会为实现这种公平可能要付出什么代价？上述问题必须结合具体的社会历史条件和文化背景加以考虑，因为社会的公平要求和实现公平的实践必须在现有社会条件及其发展所允许的范围内，才具有合理性。

专利法中的侵权责任规范将分配原则具体化为法律上的权

利和义务，实现对利益的权威性分配。在侵犯专利权领域，公平分配的原则应当体现为：

（1）侵犯专利权行为构成认定上，应当注重分清专利的专有领域与非专有领域；专利权人的权利范围与他人进入上适当平衡；

（2）专利权人在证明权利受损害时所负义务应当适当，而侵权行为人进行免责证明时要求也不应过于苛刻；

（3）专利权人财产利益遭到侵害时，应该得到和只能得到同等价值或适当价值的补偿，侵权人不应承担超出范围的财产责任；专利权人其他利益受侵害时也应得到补偿，侵权人难辞其咎。

3. 专利法中的侵权责任规范应当成为促进社会效益实现的工具

效益和公平同样是法律应当促成实现的价值，这两种价值有时和谐共存，但又经常处在深沉的张力之中，能够体现效益又能体现公平的制度设计是最完善的，如对于故意侵害他人财产权利的案件，法律和法院强制侵权者返还财产并赔偿损失就体现了公平和效益的统一。从公平的角度来讲，任何人不得从其错误中获利，从效益的角度来讲，对财产权利的保护可以为财产所有人创造一种良好的法律环境，以便使他们无所顾虑，尽其所能并高效益地利用资源发展自己的财富，这样可以促进整个社会财富的增殖。但是，公平和效益的矛盾有时又比较突出，而且很难调和，这时立法者就应根据社会最紧迫的需要作出理性选择。在社会财富有限，不可能满足所有人的需要而社会需要发展时，应该将财富分配给能够通过占有和使用财富再生产出更多的财富的人，而不能平均分配。在这里，财富分配应该是扩大社会财富的一种手段，因为社会的物质生产和精神生产均需要有一定的资源支持，当这种资源稀缺时，就应该分配给能够使有限资源价值极大化者，法律是通过权利和义务的分配来为扩大社会财富创造条件的。有能力创造财富的社会主体对其创造成果享有权利，并就其成果获得物质和精神满足，而法律强制性地要求他人尊重创造者的成果，这样会形成一种社会主体主动创造、敢于创造的社会氛围，最终实现了社会效益，也为促进更高层次的公平奠定了基础。

专利法中的侵权责任规范应当在鼓励发明人或设计人的创造热情的同时，又能体现社会公共的利益要求，当因侵权行为给专利权人造成损害时，应当赋予专利权人较大的权利，而不应该因过多考虑侵权人的利益疏忽专利权人，特别是对于一些故意实施的侵权行为和一些对专利权人利益损害较大或对权利人利益有重大危险隐患的行为。上述要求主要是通过侵犯专利权制度中的归责原则以及民事责任形式来实现的。

4. 专利法中的侵权责任规范应当保障社会主体自由意志的发挥

自由是指以平等为界限的社会主体不受干涉的境况。社会的发展是物质和精神产品不断创新和再生的过程，而这种不断创新和再生依赖的生理基础是人的自由意志的发挥。只有当人的能力不为压制性的枷锁束缚时，一种有益于大多数人的高度文明才得以建立。积极性的发展、应变能力的促进以及创造性才能的发挥，对文化发展、社会进步作出了巨大贡献。法律的目的不应是废除或限制自由，而是保护和扩大自由，法律虽然不能直接发起或促进文明大厦的建成，也不能命令人们成为发明家，但法律通过保护和扩大自由，排除了对社会主体意志不合理的外部约束和非法控制，为社会主体确立了创新条件，从而间接地为社会发展作出贡献。但是，任何自由都不应是社会福利及他人生活的破坏工具，为了公共生活的需要，特别是在当代生活复杂性日趋增长以及各种相互抵触的社会势力的冲突不断加剧的情况下，限制自由成为必要。但是这种限制的最终目的仍然是保障自由，因为这种限制的目的是社会的自我保护，是为了阻止社会主体对别人和公共利益的伤害。

专利法中的侵权责任规范对主体意志自由的维护主要体现在：

（1）通过赋予专利权人一定范围的禁止权，保护发明人或设计人的创新自由；

（2）专利权人禁止权范围的划定，也是对其他社会主体义务范围的确定，在此范围之外是其他社会主体的自由余地；

（3）在过错责任原则情况下，行为人主观上无过错时便不承担侵权责任。

（二）归责原则的法律含义

归责原则是指依据某种事实状态确定责任的归属。归责原则是确认不同种类侵权行为应当承担民事责任的标准和原则，它决定着一定侵权行为的责任构成要件、举证责任的负担、免责条件、损害赔偿的原则和方法。由于一定的归责原则决定着法律责任的归属，因此，在侵权行为法中采取何种归责原则，表明了立法者对不同侵权行为的价值判断，是立法者以法律形式确定的强制性的利益分配方案。归责原则所体现的规范功能是多元的，它既要使受害人所受损害得到及时补偿，又要使补偿体现公平合理性；既要保护受害人的利益，又不给无辜的当事人强加责任；既要对行为人进行制裁和教育，又要预防损害的发生。专利法采取何种归责原则，取决于专利法立法的特有宗旨和价值取向，取决于侵犯专利权行为的特有本性。

（三）民事普通法中的侵权行为归责原则

专利权就其法律性质来讲，属于民事权利，因此作为调整民事法律关系的普通法，《民法典》关于侵权归责原则的规定，对侵犯专利权归责原则具有重要意义。

关于我国民事普通法中侵权行为归责原则体系有多种说法，由于关于侵犯专利权行为归责原则的争论主要集中在过错责任原则、无过错责任原则和过错推定原则三个方面，故笔者只就这三个归责原则进行分析。

1. 过错责任原则

过错责任原则以有无过错或过错大小作为确认是否承担责任或承担何种责任的依据。所谓过错，是指行为人在实施某种行为时具有的某种应受非难的主观状态，此种状态是通过行为人所实施的不正当的违法行为表现出来的。过错责任原则的基本精神就是要求对有关行为进行社会性的价值评断，以确定其致害行为是应受责备或可以原谅，并以此为根据决定其责任的有无以及责任的轻重，从而使行为的是非界限和责任界限得到明确划分；并有助于使应承担的责任形式和责任范围得到准确判定。正如 19 世纪德国法学家耶林所说："使人负损害赔偿的，不是因为有损害，而是因为有过失。其道理就如同化学上之原则，使蜡烛燃烧的，不是光，而是氧，一般浅显明白。"❶

具体来说，过错责任原则包括以下三个方面的含义。

（1）以过错作为责任的构成要件。即过错责任原则要求行为人只有在主观方面有过错（故意或过失）的情况下才承担民事责任。

（2）以过错作为确定责任范围的依据。这主要体现在受害人也有过错、共同侵权及责任加重三种情况。

（3）过错责任还体现在过错对于决定行为人承担何种责任形式具有一定意义。

我国民法中过错责任原则与我国民法的整个立法宗旨是一致的，它决定于我国的政治经济状况，决定于我国的历史和文化传统。

2. 无过错责任原则

无过错责任原则产生于工业事故多发的现代社会。根据传统的归责原则，当事故的发生归因于受害人的过失或不可抗力

---

❶　王泽鉴.民法学说与判例研究 [M]. 北京：北京大学出版社，2009.

时，不存在赔偿责任。在现代工业事故中，这样的损害事故占有很大的比例，而受害者往往无可补偿，很显然，这与社会大众的公平正义观念发生冲突。因此，必须加强受害人的法律救济，提高受害人求偿的成功率。于是，主观要件对于责任构成的决定作用受到削弱，民事责任归责方面呈现出客观化的趋势，其中之一便是无过错责任的出现。

无过错责任是指损害发生后，受害人无须证明被告的过错，其既不考虑受害人过错，也不考虑加害人过错，目的主要在于补偿受害人损失的一种法定责任形式。无过错责任原则不考虑行为人的过错与否，在法律明文规定应承担责任的情况下，仅根据损害事实本身即可确认责任。无过错责任具有恢复权利的性质。其法律特征表现在以下几个方面。

（1）不考虑双方当事人的过错。

（2）不能推定加害人有过错。

（3）因果关系在无过错责任中是决定责任的基本要件。在无过错责任中，行为人是否承担民事责任完全不取决于其主观状态是否具有非难性，而只取决于损害结果与其行为及物件之间客观上的因果关系。

（4）有法律的特别规定。无过错责任仅适用于法律有特别规定的情况，之所以法定化，其原因在于无过错责任的承担者在主观上不具有可非难之处，在法律没有明文规定的情况下，给加害人施加此种责任是苛刻的、不公平的，也会妨害侵权行为法规范功能的发挥，难以显出法律惩恶扬善的正义本性。而在有法律明文规定的情况下，对某些社会主体施加损害，是法律在分配利益方面的普适性规定，符合社会关系的总体要求。

3. 过错推定原则

过错推定原则是对过错责任原则的补充和发展。推定，是指根据已知的事实，对未知的事实所进行的推断和确定。过错推定，是指若原告能证明其所受的损害是由被告所致，而被告不能证明自己没有过错，则应推定被告有过错并应负民事责任。过错推定责任较一般过错责任严格，但不及无过错责任那么绝对。根据这一原则，一旦损害发生，法律推定行为人有过错并要求其提出过错抗辩，若无反驳事由或反驳事由不成立，即确认行为人有过错并应承担责任。有的学者将过错推定分为一般过错推定和特殊过错推定。前者是指法律规定行为人侵害他人人身、财产并造成损害的，应负民事责任，但如果行为人证明其没有过错的，就可推翻对其过错的推定并免除责任；后者是指在某些侵权行为中，法律规定行为人必须证明有法定抗辩事由的存在，以表明自己的无过错，才能对损害不承担责任。

（四）关于专利法中归责原则问题的认识及评价

我国现行《专利法》没有根据侵权行为的不同而施加不同的民事责任，而是由司法者在实践中"根据情况"分别选择适用。这种规定方式今天看来不够科学，并因此造成理论上的理解困难和司法中的审判混乱。

有人认为我国现行《专利法》中有关侵犯专利权民事责任的规定，是以过错责任原则为主，过错推定原则为例外，理由主要有以下三点。

首先，《民法典》第 1165 条规定："行为人因过错侵害他人民事权益造成损害的，应当承担侵权责任。"这一法律规定将过错责任原则以法律形式规定下来，确认了它的法律地位。绝大多数侵犯专利权行为人实施其行为时，主观上均具有过错，《民法典》的上述规定当然适用侵犯专利权案件。

其次，现行《专利法》第 66 条规定："专利侵权纠纷涉及新产品制造方法的发明专利的，制造同样产品的单位或者个人应当提供其产品制造方法不同于专利方法的证明。"《专利法》第 77 条还规定："为生产经营目的使用、许诺销售或者销售不知道是未经专利权人许可而制造并售出的专利侵权产品，能证明该产品合法来源的，不承担赔偿责任。"上述规定应属过错推定原则。

最后，我国《民法典》规定，在特别情况下才实行无过错原则，即只有在法律有特别规定应当承担民事责任的情况下才承担民事责任。在我国《民法典》制定时，立法者或许尚未过细地考虑知识产权侵害的特殊情况，没有规定侵犯知识产权适用无过错责任原则。我国《专利法》也未对侵犯专利权行为特别规定无过错责任，因此就是以过错责任原则为主，过错推定原则为例外。

也有人认为，我国《专利法》对适用何种归责原则的规定含混不清，法条上未明确写"明知"字样，就不是有过错才追究责任，就不属于过错责任原则；另外，有人"未经允许"实施了某种本属专利权人的权利，因法条上无"明知"字样，要追究责任必须适用"无过错责任原则"，否则就处理不了。

（五）关于侵犯专利权归责原则问题的主张及理由

1. 关于侵犯专利权归责原则问题的主张

（1）在侵犯专利权归责原则问题上，不应单独采用过错责任原则或过错推定原则或单独采用无过错责任原则。

（2）归责原则之采用应当与责任形式结合起来；专利权人请求停止侵害，消除危险或影响的，采取无过错责任原则；专利权人请求赔礼道歉，赔偿损失的，采取过错责任原则或过错推定原则。

2. 提出上述主张的理由

（1）有阳光的地方必然有阴影。正如埃德加·博登海默所说："法律是一个带有大厅、房间、凹角、拐角的大厦，在同一时间里用一盏探照灯照亮每间房间及拐角是不可能的。"❶为了更有效地保护专利权人的合法权利，达到完美的法律调整效果，应当多角度多层次地采用各种措施。如果我国侵犯专利权单独采取过错归责原则，事实上，因为侵犯专利权行为中主

---

❶　博登海默.法理学：法律哲学与法律方法［M］.邓正来，译.北京：中国政法大学出版社，2004.

观无过错而客观上造成权利人权益损害的行为并不鲜见，那么必然导致权利人对这种情况无法主张其权利、要求停止侵害或承担其他民事责任，这种规定对专利权人的权利保护显然不利；如果我国法律上采取无过错责任原则，那么无过错的行为人不但要承担停止侵害的责任，而且很有可能还要对权利人的损害承担赔偿责任，因为我国专利法中各种责任形式之间不存在相互排斥的特性。值得注意的是，专利权利的行使大多是相互关联的行为，故侵犯专利权也常表现为多个环节的系列行为，司法实践中无过错的一方很有可能还要对其他有过错者造成的损害承担连带责任，这对于无过错者未免太过苛刻，与法律的公平正义精神不相符合。

（2）法律不可能在一个封闭的容器中健康成长，需要不断地同外界进行信息交流，要善于借鉴外界先进的立法经验。这是因为社会关系具有共同性，作为社会关系调整手段的法律便具有了超越民族局限的性质，在精神价值和实际价值方面具有普遍意义。

（3）法律条文只起价值宣示作用，而法律正义的真正体现存在于司法判决之中，因而在规定专利权归责原则时还应考虑执法的可能性，否则会因难以实现社会主体对法律的合理期待而导致社会法律信仰的毁灭。无过错责任的适用，如果辅以下禁令、销毁侵权产品等责任形式，为司法者给予专利权人司法救济提供了便利。

（4）权利的配置应当优化，因此最大可能地为富有创造力的发明人或设计人提供维护权利的便利是正确的立法价值取向。无过错责任原则实现了侵权认定的便利性，实现了认定侵权与否发生困难时向权利人的倾斜保护，免除了专利权人繁重的举证责任。

（5）法律在促进效益时应当兼顾公平，并且不应阻碍社会整体利益的发展，如何规定责任主体范围以及责任形式，专利法中的侵权责任规范必须作出选择。如果责任主体范围过于宽泛，责任形式过于严苛，那么就应考虑这种责任的正当性，因为法律应当与绝大多数社会主体的观念及行为模式相契合，这是对一个切实可行的法律体系有效地实现一定行为模式的要求；过错责任原则的"有过错则有责任，无过错则无责任"的精神体现了效益公平兼顾的要求。

（6）责任形式与归责原则灵活组合的方式体现了权利义务的一致性。责任形式固然是一种负担，归责原则也不失其加于当事人一定负担或给予一定利益的本性，故两者应灵活组合，不应拘泥于分别讨论的老式框架。无过错归责原则中虽然专利权人卸去了举证之责，但其所获利益由被诉侵权人的责任形式加以限定，同时，被诉侵权人虽在无过错的情况下承担了责任，但其责任形式决定了这种责任对自己并无大碍；过错责任原则中，专利权人承担了举证之责，但其从被诉侵权人的责任形式中所获利益亦相当可观。另外，被诉侵权人对专利权人须证明自己有过错才有责任而多了一道自我保护屏障也许感到沾沾自喜，但一旦被证明有过错，其责任形式足以抵销这种沾沾自喜。

由此可见，这种规定方式完全渗透了权利义务一致的精神，体现着"失者应有得，得者亦有失"的公平理念。

参考文献

［1］国家发展和改革委员会创新和高技术发展司，中国
　　生物工程学会.中国生物产业发展报告 2020—2021
　　［M］.北京：化学工业出版社，2021.

［2］李西良，田力普，赵红.高新技术企业知识产权管理
　　体系构建与实证研究［M］.北京：知识产权出版
　　社，2018.

［3］吴汉东.中国知识产权蓝皮书（2019～2020）［M］.北
　　京：知识产权出版社，2021.

［4］吴汉东.知识产权法［M］.5 版.北京：法律出版社，
　　2014.

［5］朱宇，支苏平，唐恒.企业知识产权管理规范［M］.北
　　京：知识产权出版社，2015.

［6］张永成，郝冬冬.开放式创新下的企业知识产权管理
　　策略［J］.科技管理研究，2016（2）.

［7］李培林.企业知识产权战略研究综述［J］.经济经纬，
　　2006（16）.

［8］冯晓青.知识产权管理：企业管理中不可缺少的重要

内容［J］.长沙理工大学学报，2005（1）.

［9］刘希宋，于雪霞.企业知识产权管理的特征和本质［J］.科学管理研究，2008（1）.

［10］朱雪忠.企业知识产权管理［M］.北京：知识产权出版社，2008.

［11］袁娟，宋鱼水.知识产权人才管理与开发［M］.北京：知识产权出版社，2008.

［12］于涛.国外企业的知识产权管理模式分析［J］.电子知识产权，2003（6）.

［13］包海波.美国企业知识产权管理的构成及其特征分析［J］.科技管理研究，2004（2）.

［14］亚历山大·波尔托拉克，保罗.J.勒纳.知识产权精要［M］.于东智，谷立日，译.北京：中国人民大学出版社，2004.

［15］张瑶.国外企业的知识产权管理战略［J］.中外企业家，2004（6）.

［16］张瑶.浅谈国外企业的知识产权管理战略［J］.现代情报，2004（6）.

［17］王继连.日本知识产权管理略览［J］.中华商标，2005（4）.

［18］常凯.日立公司的知识产权管理［J］.电器工业，2002（5）.

［19］国资委政策法规局.德国企业知识产权战略管理和法律保护的现状与启示——企业知识产权战略管理和

法律保护赴德培训考察报告［R/OL］.［2006－07－24］. http：//www. hncq. cn/new/News/Show. asp? id＝297&page.

［20］ 冯涛，杨惠玲.德国企业知识产权管理的现状与启示［J］.世界知识产权，2007（5）.

［21］ 张春.国外企业如何实行知识产权管理［EB/OL］.［2005－8－20］. http：//ip.newmaker.com/art_11283.html.

［22］ 陈红川.高新技术企业知识产权管理研究［J］.经济前沿，2007（7）.

［23］ 黄贤涛，岳长琴.专利信息为企业发展导航——谈海尔的专利信息开发与利用［J］.中国发明与专利，2007（5）.

［24］ 蒋坡.知识产权管理［M］.北京：知识产权出版社，2007.

［25］ 2020 年山东省国民经济和社会发展统计公报［R］.2020.

［26］ 王娟熔.我国知识产权保护存在的问题及原因分析［J］.兰州商学院学报，2006（6）.

［27］ 王一.科学技术与专利法律保护［J］.甘肃科技，2005（5）.

［28］ 海尔公司简介［EB/OL］.［2021－9－10］. https：//www. haier. com/about－haier/intro/? to＝1&spm＝net.31740_pc.header_138939_20200630.1.

［29］ 刘茂林.知识产权法的经济分析［M］.北京：法律

出版社，1996.

[30] 于金葵.专利在高新技术企业中的运用［J］.特区经济，2006（8）.

[31] 冯晓青.我国企业知识产权管理存在的问题与对策［J］.科技管理研究，2005（5）.

[32] 易显飞.技术创新与知识产权制度相互作用机制研究［D］.长沙：中南大学，2002.

[33] 李扬.知识产权的合理性、危机及其未来模式［M］.北京：法律出版社，2003.

[34] 王涛，顾新，杨早林.我国高新技术企业知识产权管理现状、问题与对策［J］.科技管理研究，2006（4）.

[35] 张帆，陈彬华.我国知识产权保护存在的问题及对策研究［J］.时代金融，2006（7）.

[36] 李颖.高新技术企业知识产权管理体系的构建研究［J］.华东经济管理，2008（9）.

[37] 宋亚非.跨国企业知识产权管理战略分析及其启示［J］.财经问题研究，2008（7）.

[38] 文豪，陈芳芸.企业知识产权管理：问题、原因与对策［J］.管理科学，2002（3）.

[39] 张华.高技术企业成长研究［D］.成都：四川大学，2003.

[40] 徐土松，周晨，任丹娅，等.美国知识产权保护和反倾销借鉴［J］.杭州科技，2005（6）.

［41］ 李国强，王剑平，李学林.科技创新集成体系构建及运营模式［M］.北京：中国农业科学技术出版社，2007.

［42］ 张健.高新技术企业知识产权管理制度的建立［J］.环渤海经济瞭望，2004（4）.

［43］ 魏蕊.日本企业知识产权信息工作及其对我国企业的启示［J］.科技情报开发与经济，2008（1）.

［44］ 陈传夫.高新技术与知识产权法［M］.武汉：武汉大学出版社，2000.

［45］ 郑成思.知识产权论［M］.北京：法律出版社，2003.

［46］ 高桥明夫.日立的专利管理［M］.魏启学，译.北京：专利文献出版社，1990.

［47］ 邓富民，王涛.创新与求变：我国高新企业知识产权管理新举措［J］.现代管理科学，2006（6）.

［48］ 杨宝明.国内软件企业知识产权保护现状调查分析［J］.统计观察，2004（2）.

［49］ 朱雪忠.知识产权协调保护战略［M］.北京：知识产权出版社，2005.

［50］ 徐明华，包海波.知识产权强国之路——国际知识产权战略研究［M］.北京：知识产权出版社，2003.

［51］ 陈瑜.企业技术创新的知识产权保护［J］.北京理工大学学报（社会科学版），2002（2）.

［52］ 冯洁苗.中国知识产权保护任重而道远［J］.法学评

论，2006（1）.

[53] 冯晓青.论高新技术产业的知识产权保护［J］.科技管理研究，2001（1）.

[54] 包海波.日本企业的知识产权战略管理［J］.科技与经济，2003（12）.

[55] 白光清.专利侵权抗辩研究［C］.专利法研究，2001.

[56] 张亮.自主知识产权与中国高新技术企业发展研究［D］.武汉：武汉理工大学，2006.

[57] 董涛.全球知识产权治理结构演进与变迁——后TRIPS时代国际知识产权格局的发展［J］.中国软科学，2017（12）.

[58] 姬韶锋.高新技术企业知识产权管理绩效评价及改善研究［D］.太原：太原科技大学，2016.

[59] 程敏.企业知识产权管理体系的构建浅析［J］.科技与创新，2017（8）.

后　记

在山东财经大学和律师事务所从事知识产权法教学和知识产权法实务工作十几年时间里，我经常接触高新技术企业和科研机构的工作人员，并深深地感受到高新技术企业知识产权管理法律制度理论与实务的融合不够充分。已出版的知识产权法律理论的书籍较多，但涉及高新技术企业知识产权管理法律理论与实务融合的论著仍不多见。

笔者写作本书的目的是进一步提高高新技术企业知识产权管理意识、加强知识产权法律制度理论与实务的融合，提高高新技术企业运用知识产权法律制度管理知识产权的水平和能力，充分发挥知识产权法律制度对创新的激励和保护作用，为推动经济发展方式转变、全面实现知识产权战略目标奠定坚实的基础。

经过精心策划、调研、查阅文献资料和认真撰写，《高新技术企业知识产权管理法律问题研究》终于完成并即将付梓，为此我感到由衷欣喜。

欣喜之余，我不会忘记帮助过我的人们，本书的出版，得到了山东财经大学法学院的大力支持，北京市汉鼎联合（济南）律师事务所提供了资助和支持。山东财经大学的同事和汉鼎联合（济南）律所的律师同人在初稿完成后提出了许多宝贵的修改建议，使我受益匪浅。对为本书写作研究提供借鉴引用研究成果的众多学者及研究者一并表示深深的敬意。

感谢知识产权出版社刘睿编辑、邓莹编辑及其他各位老师的支持和辛勤工作。

由于水平有限，书中难免有疏漏、不当之处，敬请广大读者和学者批评指正，以帮助我不断改进不足和修正错误。

侯圣和

2021 年 9 月于山东财经大学